行业竞争九大制胜法宝

郭四海 编著

金盾出版社

内容提要

行业难免有竞争，制胜手中有法宝。本书从九个方面展开论述，理论性、知识性和趣味性相结合，文字通俗易懂，案例选择精当，指点简捷到位，是行业主管、部门经理和有关人员的好参谋、好助手。

图书在版编目(CIP)数据

行业竞争九大制胜法宝/郭四海编著. -- 北京 ：金盾出版社，2012.1

ISBN 978-7-5082-7231-3

Ⅰ.①行… Ⅱ.①郭… Ⅲ.①企业竞争—研究 Ⅳ.①F270

中国版本图书馆 CIP 数据核字(2011)第 202886 号

金盾出版社出版、总发行

北京太平路 5 号(地铁万寿路站往南)

邮政编码:100036 电话:68214039 83219215

传真:68276683 网址:www.jdcbs.cn

封面印刷:北京印刷一厂

正文印刷:北京万博诚印刷有限公司

装订:北京万博诚印刷有限公司

各地新华书店经销

开本:880×1230 1/32 印张:7 字数:188 千字

2012 年 1 月第 1 版第 1 次印刷

印数:1～6 000 册 定价:16.00 元

前言

在激烈的行业竞争中，有的企业发展迅速，成了耀眼的明星，而有的企业发展缓慢，只能勉强维持运转；有的企业在市场上叱咤风云，所向披靡，而有的企业只能在市场上畏畏缩缩，步履蹒跚；有的企业平稳发展长盛不衰，而有的企业只能风光一时，像“流星”一闪而过消失在茫茫商海之中。它们为什么会有如此大的差别？这其中的关键就在于是否掌握了行业制胜的法宝。

企业不能被动地应付竞争，而应千方百计地主动竞争，在市场竞争中形成超过对手的优势。企业要发展壮大，就必须参与竞争，这是无法逃避的现实。要么在竞争中被淘汰，要么在行业竞争中再壮大，“优胜劣汰”是市场经济条件下不依人的意志为转移的自然法则。

在市场竞争日趋激烈的今天，如何保持竞争优势，是一个企业获得稳定发展的关键。争取竞争优势是企业经营战略的核心，是企业立于不败之地的保证。企业的盈利能力要想保持在高于行业的平均水平，其基础是建立持久的竞争优势。企业无论制定何种战略，采取何种策略，运用何种手段，其目的都是为了获取在行业中的竞争优势。

与竞争对手相比，每个企业都有优势和劣势，企业应该采用适合自己的竞争战略，维持其在竞争中的相对优势地位。一个企业不可能方方面面都突出，不可能各个环节都占优势，如果追求“事事领先”，那么必然会导致平庸战略，结果是什么优势也没有。企业必须掌握行业制胜的法宝，才能把自己的优势转化为竞争力，才能在激烈的竞争中稳操胜券。

竞争是一把双刃剑，其压力既能给企业造成生存的危机，又能给企业带来发展的动力。任何企业都无法回避竞争，所以，企业必须研究如何面对竞争，随时掌握制胜法宝，才能在市场经济条件下立于不败之地。

编 著 者

目 录

第一章 练好内功打好根基

第二章 分析形势准确定位

第三章　研究对手有备无患

第四章　尊重对手互利共赢

第五章 找出差异推出品牌

第六章 瞄准市场关注客户

第七章 勇于挑战不断创新

第八章　顺势借力争取先机

第九章　周密规划谨慎执行

第一章 练好内功打好根基

核心竞争力是企业长期发展的保证

一个企业要想生存并且长期发展，就要具有自已的核心竞争力。核心竞争力是企业的立身之本，是企业保持自身优势的根本，也是企业成功的必由之路。

核心竞争力是企业在市场运作过程中形成的，并长期蕴涵于企业文化和企业产品优势中，它是区别于企业竞争对手的标志，是支撑企业现在和未来的竞争优势，是企业在错综复杂的竞争环境中取得主动的根本保证。

当今的市场环境，没有哪家企业能够在某一领域内独占市场份额，也很少有哪家企业能够保证它在不同的行业中能够达到数一数二的位置，唯有在其擅长的领域内打造核心竞争力，方能使企业保持可持续发展，并坦然面对不断竞争的市场。如果能够在这样的环境中取胜，对于企业来说，那将是它们所希望的最完美的结果。

我们经常看到这样一个现象：很多企业往往聚集在一个领域，“分享一块蛋糕”，每当技术出现革新又往往是共同改进提高，甚至这些企业实力相当、境遇相似，结果是谁都没能摆脱谁，谁都没有取得明显的竞争优势。那么，一旦市场出现萎缩，这块曾经共享的大蛋糕如果不再足以“填饱它们肚子”的时候，这些“厮守”多年的“兄弟”又将何去何从呢？谁能保证他们不会一起走向衰落呢？因此，企业要培植一种优于其他竞争对手的核心竞争力，只有这样，才能打破均势，让自己脱颖而出，成为出水芙蓉。

日本佳能公司就是一个应用核心竞争力取得成功的典型例子。佳能公司在发展初期就确立了以技术为主导的经营战略基础，经过10年的专注经营，到20世纪60年代初，佳能公司已经在世界照相机市场处于领先地位，接着佳能公司开发生产电子计算器，同样取得了成功。在这段时期，佳能公司在精密机械、光学和微电子领域积累了丰富的技术资源，形成了绝对优势，逐渐形成了佳能公司在图像化方面的核心竞争力。随后，佳能公司以其核心竞争力为依托，先后进入了复印机、激光打印机、传真机、摄像机、图像扫描仪、医用仪器等新行业，均取得了巨大的成功。另外，佳能照相机在市场上的领先地位并没有因为企业的多元化发展而受到影响，可以得出这样的结论：佳能公司所制定的每一步发展战略都是以其核心竞争力为基础的，它所进入的每一个领域都与其核心竞争力密切相关并且高度融合，建立在佳能企业核心竞争力基础上的多元化发展战略，反过来又进一步巩固和提高了佳能的核心竞争力，使佳能始终具有竞争优势、始终处于领先地位。

核心竞争力是企业保持长期竞争优势和维持超额利润的唯一来源。形成、巩固和强化企业的核心竞争力，应该是任何一个企业所期求的，而要实现这一点就必须握紧拳头，把力量集中在一点，不断创新，使自己的企业在某一点上始终走在前列。

培养和增强核心竞争力是企业的一个长期战略，核心竞争力并非是一朝一夕就能培养起来的，它需要企业长期对本行业的专注、忠诚，以及持之以恒的投入，经过漫长的精心培育过程才能完成。然而，一些企业表现出一种急功近利的思想，它们很少从战略的角度专注和忠诚于某一行业，通过持之以恒的投入培养自身的核心专长，而是热衷于一时的利润，“什么赚钱干什么”，简直无竞争力可言，更谈不上什么“核心竞争力”。

世界上一些“长寿”企业的成功秘诀，几乎无一不是因其拥有强大的核心竞争力而在市场中“永葆青春”的，一个企业要培养和加强自身的核心竞争力，就必须在以下两个方面实现转变。

一是实现由侧重发现市场机会向培养核心竞争力的转变。发现和把握市场机会固然重要，但提高核心竞争力更为关键。在“改革开放”初期，中国是个充满机会的国家，在那段机会很多而竞争相对不激烈的时期，企业只要发现机会并及时地抓住机会，往往很容易获得成功。而在今天机会越来越少，围绕新机会展开的竞争却越来越激烈。这时，如果企业没有足够的资源、能力、核心竞争力，机会也可能变为陷阱，虽然你发现了机会，但是你没有竞争优势，没有掌握核心竞争力，那么你就没办法实现赢利。因此，在当下，核心竞争力将是商机转化为财富的基础，只有具备了很强的核心竞争力，市场商机才能变成企业的财富。

二是实现从分析外部环境为主向分析企业内部条件为主的转变。很多人认为，企业之间利润的差异与企业所处的行业竞争结构有关。因此，这时的企业战略分析的重点自然是企业的外部环境分析，它包括产业的特征分析，产业的发展趋势分析，产业内外相关企业的相互关系和力量对比分析等。但是，我们发现：为什么同一行业，有的企业盈利，有的企业亏损；有的企业蓬勃发展，有的企业却举步维艰。这很难从产业的结构特征来简单地解释这个问题。问题还是在核心竞争力上，决定企业利润差异的不是企业以外的行业结构，而是企业内部的资源、能力，尤其是核心竞争力。企业核心竞争力是企业保持长期竞争优势和获得超额收益的源泉，因此，与分析企业外部环境相比，分析企业的内部条件更具有战略意义和现实意义。

近年来，不少企业在经过市场的风风雨雨之后，已经意识到培育核心竞争力的重要性，并开始注重培养核心竞争力了。企业要想在激烈的市场竞争中立于不败之地并获得丰厚的收益，就必须培养、加强、保持自己的核心竞争力。

发挥主业优势巩固企业根基

主业是一个企业经营的主体业务，也是企业运行服务的终极目标。为什么要强调明确主业、坚持主业，发挥主业优势呢？因为主业是一个企业生存的基础，是企业核心竞争力的源泉，是企业长期发展的根基。凡是企业，无论其性质如何、规模如何，也不论其行业归属如何，都应该也必须有自己的主业。

《回归核心》的作者，全球著名战略咨询公司贝恩咨询的合伙人克里斯·祖克先生，在对七个国家一千多家上市公司的业绩数据和二百多个案例的研究后指出：“不管有多少发展机会摆在管理者的面前，最可靠且始终如一的解决方法就是采取回归核心战略，从核心业务中获得利润”。他所讲的回归核心就是要回归主业。很多企业的实践证明，盲目多元化导致的主业不突出是企业衰败的重要原因之一。纵观各大知名企业，凡竞争力强者必有自己的主业。

许多企业在发展过程中，通过自己走过的弯路，逐渐看到了明确主业、坚持主业的重要性。比如，美国戴尔公司为了增强核心业务 PC 的竞争力，从消费电子领域撤出；罗氏公司为了专注于药品与生物学领域，出售了维生素与营养业务；美国运通放弃了资产管理业务，全力以赴打理其信用卡与支付业务。

再看国内，联想公司卖掉 TX 联网、服务等业务，重回到其最擅长的 PC 领域；民营企业新希望集团宣布，不再追加在金融、房地产、天然气等领域的投资，集中精力“打造世界级农牧企业”；房地产行业领头羊深圳万科，最初的时候什么赚钱做什么，最后坚持只做房地产……这些企业从多元化向主业回归，以其行动诠释了突出主业的重要性。

一些企业领导人可能会说，不是我不想做主业，而是实在没有利润，眼睁睁看着赚钱的机会怎么能放过呢？新希望集团的发展也许能给您带来一些启示。

20世纪90年代末期，国内饲料行业竞争加剧，毛利率下降等是刘永好和新希望集团“出走”主业的重要原因。而今，新希望又回到了自己的老本行，他们提出的新目标是成为“中国首批世界级农牧企业”，其反复强调的是产业链经营，“从种猪、种鸡到养殖场，从饲料加工再到肉食品加工，拉成一个链条。”

这背后的原因是什么呢？新希望集团一位副总裁说：“如果静态地来看饲料业不断下降的毛利率，我们可能觉得企业面临很低的天花板……但如果你的视角向产业价值链的角度延伸，规模与利润空间的扩大就变得不再是问题。”他的话很值得企业家们去深思。

一些企业以利润率为标准，盲目地作出“主业难以为继”的判断，过早地退出主业，进入一个新的领域，使主业错过或错失了许多发展机会。因此，要将主业更积极地放在价值链中去谋划，当原来的主业面临困境时，不是简单地进入新的领域，而是首先考虑怎么实现产业升级，怎么通过技术创新、品牌建设来提高利润率。

要有竞争力，就要有主业。但对主业的坚守不是盲目的，一个企业在坚守主业的过程中要坚持三个原则，即坚持主业的市场性、多元性与有限性。

一、坚持主业的市场性

主业必须与市场对接。如果产品与市场需求不对路，主业再突出的企业也没有生命力。市场性是指主业要跟随市场和环境的变化而变化。明确主业、坚持主业，并不等于主业一定终身。比如说寻呼行业曾经非常兴隆，但由于手机技术及其市场的发展，整个行业已经消亡。如果还守着原来的主业不放，肯定没有出路。

二、坚持主业的多元性

主业的多元性是指一个企业可以不只有一个主业，但主业之间关联度要强，要尽可能实现企业资源在主业间的优化配置，尽可能多地实现资源与信息共享。换句话说，即使多元化，也应该是“相关多元化”。比如，搞房地产的和搞建筑的有很强的关联性；再如冰箱、空调，在制冷技术上、销售渠道上关联度很强；还有旅游业和酒店业……当主业之间可以实现某种资源共享时，成功的可能性就比较大。

三、坚持主业的有限性

主业的有限性是指一个企业不能主业太多，主业太多了就没有了主业。主业突出的企业，科研开发方向明确、人财物集中度较高、产品升级换代较快，极易增强企业实力，提高自己的核心竞争力。这样的企业，一般总是走在市场变化的前沿，处于竞争的有利位置。

在激烈的市场竞争中，一个企业如果没有自己赖以立身和发展的主业，势必也没有竞争力。作为企业管理者，一定要重视对主业的思考、定位与培育，明确主业是什么、资源应该往哪里配置，抵制和放弃与主业无关的机会诱惑。

企业要扎根于一个领域

一个企业只有专注于一个领域才可能获得突破，也就是要集中全部的资源、时间以及精力，认准一个市场一直坚持走下去，持续专注地进行开拓，才会有更大的成功机会。做一个简单的比喻：把一张纸放在太阳下，它不会有任何反应，如果在纸上放一个放大镜，纸将会被放大镜聚集的光能转化为热能而形成的高温烧焦，专注对于企业来说就如放大镜之光能作用于纸张。

1999年，26岁的陈天桥与弟弟陈大年在上海浦东新区科学院专家楼里的一套三室一厅的屋子里创立了盛大网络，并推出网络虚拟社区“天堂归谷”。2000年的时候，盛大网络获得了中华网300万美元的注资。这时候的陈天桥，总是“善于”发现新的赚钱机会，于是很快，盛大网络广泛涉足了网上互动娱乐社区的开发经营、即时通讯软件的开发和服务以及网上动画、漫画等多个领域。这时候，盛大网络进入了迷茫而无序的发展状态。

遍地开花的策略不但没有预期的收益，反而很快结出了恶果。盛大网络陷入了困顿中。在功成名就之后，陈天桥告诉前来取经的创业者：“当你认准一个方向的时候要全力以赴，只有专注的企业才能成功，多元化的企业可以存活但是很难成功。”而这正是他有切肤之痛的经验之谈。一个创业企业往往都会有自己的灵感和自己的方向，他们对未来充满信心，但他们最容易犯的一个错误，就是所谓的一上来对整个战术执行的时候多元化或者摇摆不定，在某一点上进行突破并不够专注。

资源永远有限，只有专注，才能集中所有资源做一件事情，才能把这件事情做到极致；也只有做到极致，才能从内心深处打动客户，形成良好的口碑传播效应，最终走向成功。

在市场竞争日趋激烈且变幻莫测的今天，一个专注的企业往往比一个非专注的企业拥有更强的市场地位，而这种地位的获得在很大程度上取决于企业如何找准自身发展的核心业务。

以BEA公司为例，该公司之所以取得现在的市场地位，在很大程度上和它当初的产品定位有关。公司能够准确找到自己的核心竞争力“中间件软件”并很快投入进去。在BEA公司还没有成立之前，中间件软件是一个全新领域，几乎没有形成竞争。BEA公司的创始人及时抓住了这个潜力巨大的市场空白。如今，随着互联网的应用和电子商务的不断深入，原来担任配角的中间件软件开始逐步走向舞台中央，成为主角。这种快速扩大的市场需求成就了BEA公司，不仅使BEA公司成为发展最快的公司之一，也使BEA公司成为全球中间件软件市场的领先者。对于BEA公司来说，专注带来了另一个优势，由于它只做中间件、电子商务平台、应用平台等，与其他ISV、SAP、硬件厂商等都是合作的关系，没有形成竞争。而且它的产品销售都是通过合作伙伴完成，所以不会出现跟合作伙伴抢生意的现象。

在创新方面，BEA公司的相关人员宣称他们一直在技术上保持着与竞争对手间有一年到一年半的领先优势，当客户需要用最新的技术时，BEA公司具有最大的优势。

专注并不意味着故步自封，不断创新才能获得更多的发展机会，而且只有专注在某一个领域，或对某一领域相当熟悉了，才有可能获得创新的能力。科技的不断发展，逼得每个企业必须不断去提高自己的竞争力，否则将会在未来的竞争中被淘汰。

很多成功的企业家都懂得：专攻一点，不及其余，专注于自己所擅长的领域，并努力把它做强而后再把它做大。

对专注，王明有着自己独特的体验。1997年下半年，王明完成了在武汉三镇大型商场的专柜布局，不久有许多竞争对手开始积极跟进，接着他的利润开始大幅下滑，他也想过转行。当时的他正面临着巨大的竞争压力，好多朋友都认为他在吃一块鸡肋，劝他把资金投到其他行业，理由是工艺品没有什么技术含量，难以做大。

但王明认为，做生意有时就像一场拉力赛，开始时是比速度，后来就是比耐力了。在商场上耐力就是专注。专注可能使你在一段时间内没有结果，没有赚钱甚至赔钱，但却可以使你重新深入认识这个行业，重新定位，重新找到出路。认识到这一点后，王明决定继续在这一行做下去。

1997年底，王明将武汉成熟的模式移植到二三级城市，在湖北荆门、宜昌等商场建立专柜。不到半年，他又意识到专柜要面向终端消费者，一个商品的流通是经过多条渠道的，从终端往上走，供应链上端的批发市场也存在巨大的利润空间。于是，1998年，他先后斥巨资在汉正街租下三处店面，专做工艺品批发。

正是这种专注，让王明受益匪浅。2000年之后，他在经营规模上不断扩张，其身价也过千万元，成为鼎鼎大名的新生代创业家的楷模。

正如王明在总结自己成功经验时所说："我的成功是专注的结果。如果我当初像许多伙伴一样推行多元化，进军其他行业，今天也许就会淡出汉正街了。专注做一件事强过同时做十件事，这是做好企业的一条重要原则。"

阿里巴巴创始人马云亦深刻理解专注的道理，从踏上创业之路开始，不管潮流怎么变化、不管出现多少概念、机会，他始终都朝着既定的方向前进，对于外界的诱惑、打击充耳不闻，坚持走自己的路。他经常告诫自己的一句话是："我专，故我强"。比如10只兔子摆在你面前，你不能希望一次全抓到，否则你一只也抓不到。

在他人都已停止前进时，你仍然坚持着，在别人都已失望放弃时，你仍然进行着。企业一定要有这样的专注精神。

确定企业内部规范按规章制度办事

避免企业管理粗放的方法是制度化。管理制度化，是企业从

“人治”走向“法治”的一个重要阶段。

有这样一个蕴藏着深刻管理理念的不是笑话的“笑话”。

老张和老李每人出100块钱买了一个大蛋糕。老张说我切这块蛋糕咱俩平分。老李却担心老张切得不公平，于是请了三个朋友来出主意，看怎么才能切得公平。

第一个是做政治工作的。他说：老张你不能以权谋私，你要提高政治觉悟，要大公无私，要做到尽量公平。

他想用政治说教的理念来解决这个问题。

第二个是做技术工作的。他说：老李，你得好好计算一下这块蛋糕的面积。还要认真测量它的质量均匀度，有的地方可能厚，有的地方可能薄，测量好了，然后通过计算，选择一个最佳的切入面切下去，而且要尽量切得准。

他想通过技术数据的计算，来解决这个问题。

第三个是做制度管理工作的经济学家。他说：用不着那么费事。我跟你说，老张负责切蛋糕，但是必须由老李先挑，这就解决问题了。

他想用责权利挂钩的制度化的管理理念来解决这个问题。

三个不同职业的人，有三种不同的管理理念和方法。

大家仔细一想，还是最后这位做制度管理工作的经济学家的办法最好，因为如果老张切得不公平，一块大，一块小，老李必然把大的一块挑走了，剩下是小的蛋糕，老张不是吃了自己的亏吗？所以从制度上做这么一个规定，就解决了前面那两个人要费很大劲才能解决的问题。有人试图从政治上解决，有人试图从技术上解决，但是，都有缺欠，唯有从人性化的制度角度出发，从责权利一体的管理学角度去制约人，才能得出科学的分配方式。这就是科学制度在管理中的魅力所在。

企业按其经营任务和职责分工，形成组织结构，分成若干层次，组成条块结合的整体，然而，要使其有效地运作，还需要建立各种制度。制度是组织结构的动脉，是实现组织目标最有力的工具。企业经营者真正需要关心的是建立有效的制度，使组织机构能够有效地运作，而不是反复修改组织结构图。

一个企业要建立并且完善科学的管理制度，就要做到严而有序和严而有据。所谓严而有序，是指企业必须具有严格的规章制度，保持一个正常的、合理的以及科学的工作程序。只有真正地做到了严而有序，才能实现有效管理。所谓严而有据，是指维护正常生产与工作秩序的规章制度、评价标准和考核办法。严格管理是企业在组织生产经营过程中，依据这一规则对全体员工行为进行规范、约束与控制。所以严格管理不是没有根据的“盲目管理”，也不是主观意愿的“随意管理”，而是依序管理与依据考核的辩证统一。

企业要建立和完善管理制度和管理体系，应从以下三个方面着手。

一是建立严密合理的管理制度。实行严格的管理，首先要有一套行之有效的管理制度，使管理工作有法可依。企业应在生产实践的基础上建立健全从技术到管理，从生产到经营，从激励到约束等规章制度，这些规章制度应涉及生产经营的各个环节、各个岗位和各个部门，从而使管理工作“有法可依”。

二是树立严谨扎实的工作作风。企业把“从严求实”作为强化企业管理的重要理念。在管理中要从克服“不敢管”、“不愿管”或“不想管”的“软、散、懒”状况抓起，上到部门主管下到普通管理人员，都要切实履行管理职责，为实现企业的总目标而尽职尽责。要求管理者做到“严”字当头，把“一切从严”的管理理念贯彻到生产经营活动中。在公司上下形成事事有人管、人人尽职责的风气，切实保证各项制度真正落到实处。

三是完善严格公正的激励机制。规章制度的落实要靠激励机制来保证，要坚持考核的公平公正性，反对徇私情。对于表现突出者要给予表扬或奖励，以树立正面榜样的作用。在激励的过程中，要坚持精神和物质两种激励的统一性，反对片面性。对违反规章制度的行为要批评教育或追究责任，使违规者接受教训，使全体员工在生产经营的实践中逐步强化从严管理的意识。

总之，一个正规的企业一定要有完整的内部规范，处理问题有“法”可依，坚持原则，在规章制度面前人人平等，只有这样才能服众。

加强内部管理提高竞争能力

管理是对企业的物力资源和人力资源进行有效整合，以促进企业按既定目标稳步发展以及开展创造性的活动。在企业由小到大的发展过程中，企业不仅要关注外部环境、发展资金，更要关注内部管理问题。可以说，许多企业的成败关键皆在内部管理。企业的内部管理是完成企业总体战略任务的组织保证。企业的经营与发展战略要有与之相适应的管理予以配套，才能使企业正常有效地运转，使经营目标得以顺利实现。

一个企业在不增加物力资源和人力资源的情况下，只要加强内部管理，就能提高企业的经济效益。管理和科技被喻为社会经济发展的两个轮子，也就是说管理和科技同样重要。但在现实生活中，人们往往重视科技而轻视管理。不少企业陷入困境，原因诸多，其中之一是轻视了内部管理。据国家统计局对 8 省市 2586 家亏损企业的调查，因经营管理不善造成亏损的占 80%以上。诚如不少外国管理专家所指出的，中国的企业什么都不变，只要加强管理，提高管理水平，企业的收益就可以增加30%～50%。由此可见，加强企业内部管理是何等重要。

在企业不断发展壮大的过程中，随着企业规模的扩大，经营项目的增加，产品结构的变化，原有的管理结构和水平已不适应新的需要，这个时候，如果不对企业管理进行调整，管理水平的滞后将严重制约企业的发展，拖拽企业的后腿。

孟红东从来都没有想到过，管理不当会成为他的企业经营失败的根源，当孟红东因此而遭遇失败之后，才真正体会到管理的重要性。一个企业发展过快，但管理没有跟上去，最终难逃失败的厄运。

孟红东曾在摩托罗拉公司任职，因为已经做到了中层管理的职位，有很多管理方面的经验和体会，加上摩托罗拉公司大量的专业培训，自认为已经找到了管理的真谛。

在一个合适的机会，孟红东接管了一家典型的中关村模式的企业，规模不大但发展势头不错。为了应对新的形势，孟红东对公司进行了整改。按照准事业单位的形式建立了四个独立核算的部门，在产品分销的部门后面还设置了网络培训部门，以及系统集成部和当时很热的互联网业务部。为了减小风险，确定了长短线搭配的业务方向，可以用长期赚取高额利润的关联业务来配合短期赚小钱的业务。

在确定组织架构以后，孟红东开始招兵买马。当时并非最佳时机，这个行业充满了竞争。对手有多年的经验，而他才刚刚起步，并且在此之前没有一个打开新局面的办法，他是顶着压力起步的。当初还是小心翼翼的，只招聘了八个人。在人员不多的时候，对公司的管理井然有序。

为了打败竞争对手，孟红东进行价格跟进，有时候甚至低于成本价进行销售，也不再严格控制赊账的额度和期限。就这样销量是上去了，可利润率却远低于同行业的平均水平。而孟红东被公司表面的繁荣场面和快速增长的销量所迷惑了，虽然心中知道公司潜在的风险和软肋，公司赢利能力和资金控制能力的不足是最需要进行改善的，但改变这些现状需要承担很大的风险，在主观上他已经不愿正视了。

不能提高利润率，孟红东选择得到更好的销售增长率，于是招收更多的新员工，以增强促销力度，并通过各种短期的手段刺激销量的增长。以增加员工数量为例，最多的时候一次招聘进来了二十多名员工，也没有对他们进行必要的分工和培训。结果是，对公司的文化、制度和监管等各个方面都构成了很大的挑战，对新员工的管理也变得很困难。因此，只得提拔一部分老员工作为中层管理者，以便对日益庞大的员工队伍进行管理。

这些中层管理者虽然有很多实际的销售经验，但几乎没有任何管理经验。中层管理能力的薄弱使人员管理这个重要方面逐渐失去了控制。同时新老员工存在着明显的隔阂，加上没有很强的中层管理支持，企业中逐渐形成了一个个的小团体。而孟红东作为企业的最高层，当时最可怕的事情就是不了解员工的想法，在刚开始的时候，还能经常和员工坐在一起聊一聊，交换一下看法。可是大量新员工的迅速加入，使这样简单的活动成为一种奢望，组织渐渐地开始疏于管理，公司也已显露败迹。

在以后的一段时间里，公司的根本问题不但没有得到改善，反而更加难以解决。公司经营由此加速下滑，此后仅仅三个月的时间，公司就因为付不起货款而倒闭。

一个企业的高速增长在带来繁荣的同时，也带来了大量的管理问题。如果对这些问题的来临没有做好准备，那么高速的增长只能是巨大的风险，公司将处在风雨飘摇之中。

为适应不断变化的市场竞争不断提高企业管理能力是十分重要的，它是赢得竞争优势的必要条件。时代在发展，市场在变化，管理理念就需要与时俱进，不断更新，企业的组织结构就要随着市场的变化和企业发展的需要重新设计，管理方式和生产经营的程序也要随之作相应的调整，甚至整个管理系统都需要进行重新构建。这样才能使企业在日趋激烈的市场竞争中更具有适应性、灵活性和高效率。

管理所面对的是千差万别的管理环境和管理对象。由于每个企业的产品结构、生产规模、技术条件、人员素质、市场条件以及其他外部环境不同，不可能存在一个或几个普遍适用于所有企业的管理模式，各个企业只有根据自身的条件，按照科学管理的理论和方式，设计管理程序，制定管理制度，才能形成适合本企业的特点和需要的管理系统。而企业面对不断变化的环境和随时出现的情况，在管理上要依靠自己的经验积累和理论素养，运用自己的聪明才智、创新精神和果敢行动去迎接挑战。

总而言之，企业应不断地加强管理，不断地提高企业的行业竞争能力。如果缺乏对管理内涵的认识，缺乏应有的管理水平和能力，那么，企业的内部管理问题将会成为制约企业发展的瓶颈。

同心同德谋发展上下拧成一股绳

一个正常运转的公司，既能妥善协调员工和部门之间的工作，也能协调他们之间的积极配合与合作。有许多公司在组织运作的过程中，赋予每个部门相应的功能，明确部门之间的分工。然而，部门之间的职能分工常常成为相互之间难以跨越的鸿沟，部门之间把分工变成了分家，重视了分工而轻视了合作。

一个团队不仅要有良好的愿望和热情，而且还要有明确的规则和措施来达到分工合作，这样才能把大家的力量形成合力。

大雁天生有一种合作的本能，它们在飞行时都呈V字形。大雁在飞行时非常自觉地定时更换领航者，因为领航的大雁在前面开路，能帮助它两边的雁形成局部的真空。研究发现，大雁以这种形式飞行，要比单独飞行提高12%的速度，这就是合作的功效。

西安杨森制药有限公司的管理者就充分认识到了每一位员工个体和团队之间的关系。既能让那些习惯了“鹰击长空”的员工单飞，又能让需要合作的项目负责人在企业内部建立雁群一样的团队。他们是这样激励员工的：鼓励争做出头鸟，不仅要做出头鸟，还要做搏击长空的雄鹰。所以，主要业务人员和管理人员都勇于接受挑战性的工作。而对于内部的团队，他们则强调了大雁的风格：在争当领航的大雁展翅高飞时，也为后面的队友提供了便利条件。在西安杨森的团队里，每一位成员都能够互相帮助，团结协作。

一个由相互联系、相互制约的若干部分组成的有机整体，经过自我优化的整体功能必然大于部分之和，必然产生1+1>2的理想效果。

在一个团队里，管理者就要鼓励员工大力发扬团队精神，不断提高合作意识。只要每位员工都有合作精神，就能使整个团队上下拧成一股绳，使企业在复杂的市场竞争中处于优势地位。

当员工全身心地投入到团队工作中去的时候，才能够和整个团队一起成长。员工都有不同的技能和爱好，并且性格各异，只有他们将自己的聪明才智充分发挥，并向着团队的整体目标努力的时候，团队才是一个高效率的团队，团队成员之间才是一个和谐合作的关系，整个团队才能高速运转，兴旺发达。

许多管理者希望自己的企业全是优秀分子，对于学历较低、经验不足的员工不能正确看待，这种看法是片面的。日本经济学家屋太一先生在《组织的兴衰》一书中写道：事实上，大概没有比汇聚优秀人才更可怕的事情。优秀人才聚集的负面效果往往使组织更加僵化，更倾向于争斗和本位主义。而非优秀人才则能起到中和作用。如果一个企业只选用那些“处处都优秀”的员工，其结果很可能一无是处。因为当员工全部都是优秀人才的时候，他们如果不能够团结协作，劲使不到一块，不但不能推动企业前进，反而会成为企业发展的阻力。

当整个组织内不同素质的员工之间能够各展所长、团结协作的时候，企业就拥有了活力和不断创新的力量，也就能够实现持续发展。能力上有一定差异的员工在工作中反而能够形成互相依赖、彼此满足的关系，能力强的员工能够在帮助别人的过程中形成自信，而能力差的员工则能够从能力强的员工那里获得更多的知识，从而不断提高自己的素质，把本职工作做得更好。只有这样，双方才能更好地协作。

最好的员工不一定是最优秀的，而是最合适的。那些优秀的员工往往缺点也是很明显的。所以，管理者要接受员工在素质上的差异，用人之长而弃人之短，这样就能够发挥不同人才的潜能，推动企业发展。一个人才多样化的团队，能够不断应对外界的变化，促进企业的长期发展。如果一味把目光盯在优秀人才身上，而不是注重不同素质员工的潜力的挖掘，就会使整个企业变得失去活力。

公司内部各群体之间的竞争或合作必定会产生许许多多的矛盾，导致你的团体和另一个团体之间产生抵触情绪，甚至有可能相互仇恨。同样的，就像部门内部的矛盾必定会影响员工的工作情绪和降低工作效率一样，部门之间的矛盾也会使公司业绩大大滑坡。要想化解部门和员工之间的矛盾，就必须要求企业管理者不断提高组织协调能力。如果企业管理者组织协调水平高，就能够产生一种合力，促进企业的发展，增加企业的效益，提高企业的竞争力。如果组织协调的水平不高，就会产生一种负面作用，就会使组织内部的能量相互消耗，使企业的竞争力减弱。

当今不是“孤胆英雄”的时代，企业的发展不能仅凭管理者或者几个员工的力量，而是要靠企业内部所有员工的共同努力。只有和谐的团队精神才是为企业创造利润和推动企业可持续发展的力量源泉。只有和谐的团队精神才能把企业上下拧成一股绳，才能建立一个高效的团队，才能为企业提供持久发展的推动力。

一个成功的企业，一定是一个上下团结、和谐合作的企业。

精心营造企业的融洽气氛

在强调个人价值，鼓励个性张扬的今天，怎样处理企业内部各种欲望、利益冲突之间的矛盾，的确要费一番功夫，因此，要注重营造企业的融洽气氛。

企业是一个整体，各部门之间的关系是互动关系，既相互独立又相互影响，职责分工是人为的划分不可能很严密。一些工作可能同时牵涉到几个部门，需要各部门的共同努力、互相配合才能完成。

当代系统学家贝塔朗菲总结过一条系统原理：整体的属性与功能不等于各个孤立部分的总和。所以，如果两个企业规模相同，在人力、物力等方面也大体相当，其整体的功能未必相同，组织水平高的企业效益会更好，竞争力会更强，这就是组织工作所发挥的功能。

一个企业，面对激烈的市场竞争，大家团结的手握在一起就出生产力。失败的企业由于内部不和，很难在合作上达成共识，他们不是为企业所要达到的目标奋斗，而是在内讧中相互较劲，其结果当然是企业还没有经过市场检验就已经自相残害，溃不成军了。

索尼公司前总裁盛田昭夫认为，企业成功的关键不是什么理论计划或是政府的政策，而是他与职工建立起一种健康的关系，在公司内部创造出一种家庭式的和谐感情，而这种感情会使管理阶层与职工有着一种命运相连同舟共济的精神。

在公司内部，组织之间的关系就像是大家庭成员中的兄弟姐妹的关系，大家应该和睦相处，团结一致。若发生什么不愉快的事，大家应开诚布公地解决，不应视对方为仇人，想尽办法敌视他。因为大家都在同一家公司服务，一旦企业溃不成军，个人也将深受其害。

通用电气公司一直贯彻企业内部亲密文化理念，注重培养人与人之间的融洽感情。

通用电气公司前总裁斯通努力培养全体职工的"大家庭式的感情"的企业文化，公司领导和职工都要对该企业特有的文化身体力行，爱厂如家。从公司的最高领导到各级主管都实行"门户开放"政策，欢迎本厂职工随时进入他们的办公室反映情况，对于职工的来信也能负责地妥善处理。

公司的总裁与全体职工每年至少举办一次生动活泼的"自由讨论"。通用电气公司像一个和睦、奋进的"大家庭"，从上到下直呼其名，无尊卑之分，互相尊重，彼此信赖，人与人之间关系融洽、亲切。有这样一个故事，很能说明问题。

1990 年 2 月，通用电气公司的机械工程师伯涅特在领工资时，发现少了 30 美元，这是他一次加班应得的加班费。为此他找到顶头上司，而上司却无能为力。于是他便给公司总裁斯通写信说："我们总是碰到令人头痛的报酬问题，这已使一大批优秀人才感到失望了。"斯通立即责成有关部门妥善处理此事。

三天之后，他们补发了伯涅特的工资，事情似乎可以结束了，但公司认为这件事情很严重。于是，公司采取了以下措施：第一，向伯涅特道歉；第二，在这件事情的推动下，深入了解优秀人才待遇较低的问题并调整了他们的工资待遇、提高了机械工程师的加班费；第三，向著名的《华尔街日报》披露事件的全过程，在美国企业界引起了不小震动。

事情虽小，却能反映出通用电气公司的“大家庭观念”，反映了员工与公司之间的充分信任。

气氛代表一种士气，存在于企业的团队组织的运作过程中。有些企业在提高绩效方面舍得花大钱外聘咨询机构、专家等力图达到业界最佳水平，但却忽视在组织内部营造积极的和谐的气氛，认为自己的下属一定会工作热情高涨，甚至认为“如果谁不认真干就辞掉谁”，结果往往事与愿违。

团队积极的和谐的气氛对团队的产出效率产生重要影响。对世界范围内成功企业的研究表明，组织气氛的质量直接影响着每一位员工的业绩水平、发展定位、工作满意度！同时也影响着每一个组织的绩效！在良好的组织气氛下，目标明确、流程简洁高效、沟通顺畅、奖罚分明、积极进取，员工有良好的成就感、自信心，能及时认识自身的不足，并具有自我推动的能力；整个团队富有高度的责任感、凝聚力与向心力，每一个人都能够充分发挥自己的潜能，都愿意为实现组织目标而加倍努力。

融洽、和谐的工作环境可以使员工全身心地投入工作，并充分发挥潜能，同时这也是营造高效型团队的必要条件。相反，如果员工工作士气低落，员工与员工之间、员工与主管之间存在隔阂，工作在剧烈摩擦的情况下进行，其结果必然导致整个团队处于消极状态，产出率大打折扣。

总之，成功的企业上下都能同甘共苦，为完成企业的任务而竭心尽力；失败的企业则内战不断，在市场还没有形成威胁时，企业自己就已溃不成军。

优化机构设置保障信息畅通

在企业管理的过程中，优化机构设置，实行管理的系统化与层次化，以保持信息畅通，防止信息失真。目前仍有一些企业，部门林立，机构重叠，在层层传递信息的过程中导致信息失真，严重影响了企业的工作效率。

有一个发人深省的笑话，是专门用来讽刺信息传递失真的现象的。

小李看见老张上医院，就跟组长小王说，老张上医院看病去了。

小王又跟班长小陈说，哎呀，老张上医院看病去了，看来病得可能不轻啊！

小陈又跟主管大李说，哎呀，老张病得挺重的，没准是癌症。

大李跟主任说，你知道吗，老张得癌症了。

主任急急忙忙向老总报告，老张得了癌症，咱们得赶快采取措施啊。

最后，老总亲自找老张探问：你上医院了？老张说是。老总又问：你干吗去了？老张说我给爱人拿药去了。

事实上，老张根本就没有生病，由于层次太多，才造成了信息传递失真。这种现象一旦在企业出现，就会导致指挥上的失灵和工作中的失误。

机构庞大，分工过细，部门过多，如果管理不善就有可能因信息不畅而造成损失，因为管理机构每多一级，那么信息的传递就可能多一个失真的机会。

信息在传递过程中失真还有另外一个原因，就是每个人对同一件事情看法不一样，你认为事情重要他认为不重要，在传递和执行过程中可能引起信息失真，也可能造成信息中断。

比如，客户打电话给电器销售公司办公室，反映其新买的电器坏了，请派人来修理一下。

办公室把这个情况记录下来了，并通知了销售部。

销售部认为这是售后服务部的事情，就打电话给售后服务部的维修班。

维修班的人一看不是售后服务部领导打来的电话就说：着什么急？今天下班了，明天再说吧。

结果，因为修理班不着急，客户的电器就没有得到及时修理。

如此一来，客户必然会对公司有意见，就会质疑公司的承诺，就要发牢骚，这样，就必然对公司的信誉和声誉造成负面影响。

这样的事情在很多公司发生过，发生的原因是信息在层层传递中弱化了，工作人员的责任感和处理事情的紧迫感淡化了。

再如，三株集团曾经在20世纪80年代创造了中国保健品销售的神话——在短短的三年时间里使公司年产值达到80亿元，销售网络遍布全国。总裁吴炳新曾经自豪地说：中国第一大网络是邮政网，第二大网络就是三株！

然而，一次事件新闻曝光的打击，就使三株的直接经济损失高达40亿元!

三株集团总裁吴炳新在1997年的年终总结大会上曾经总结出了三株15条的“重大失误”，但“根本问题还是管理不到位，从上到下缺乏强有力的执行力，以致信息流通不畅，反应迟钝……”

作为一个企业，机构层次越多，效率就越慢；机构部门越多，扯皮的事越多，制度就越难以顺利通畅地贯彻到底。

美国有两个教授海默和查比，就提出了要重组企业机构的业务流程，改变那种机构重叠、层层设岗、分工过细的情况，变“层层管理机制”为“扁平化管理机制”。企业的组织机构变成扁平化的了，就能够在管理中减少中间环节，提高组织效率，减少信息失真，减少部门间的扯皮和摩擦。

实践证明，如果每一个人都有一定独立自主的管理层次，明晰自己的责任和权力，那么他就可以在他的岗位上充分发挥他的积极性和创造性，已经沦为机器的奴隶的人，就会重新焕发出主宰机器的创造性的劳动热情，企业应该重视实践扁平化机构的组织管理模式。

任何公司都存在着信息传递的问题，因为决策者不可能凡事都亲力亲为。那么如何避免企业在信息传递的过程中出现失真现象呢？具体说来可以采取以下措施：

一是减少传递的层次，关键信息直接上报决策者。现在许多企业机构臃肿，无论是上边的信息，还是下边的信息，在传递的过程中要么被误解，要么被弱化，甚至消失得无影无踪。所以，为了提高信息传递速度、减少不必要的环节，必须做到关键信息直接上报决策者。

二是充分利用信息网络化的成果。建立企业网络平台，使企业的所有决策和企业的经营信息在企业网络平台上展现出来，以有效避免企业在信息传递过程中人为出现的失真现象。

三是在企业内部要理顺信息传递的机制与渠道。分清信息传递的种类、规定时间要求、明确部门负责人，建立健全检查制度等，形成通畅的信息系统，以便保障信息高效快速地传递，保障企业重大决策的顺利实施。

提高队伍素质激发人才潜能

在市场经济中，企业与企业的竞争，产品与产品的竞争，说到底是人才与人才的竞争。在高科技时代，人才的保证与资本、技术相比，更具有长远性、全局性和根本性。成功的企业有许多不同的成功经验，其中一条是相同的，那就是重视人才。

深知人才作用的联想集团总裁柳传志认为："办公司就是办人"。联想靠什么发财？靠人。20万元的创业资本即便是点石成金也不能12年滚成数十亿。柳传志说："小公司做事，大公司做人。"也就是说，只知道做事的公司做不大，能够经营好人才的公司才能成为大赢家，才能由小公司发展成为具有竞争力的大公司，依靠人才成就自己的联想集团今天面临着世界级强手的人才竞争，他们正在更加精心地实施着自己的人才战略。

企业要想立于不败之地，在市场竞争中取得优势，就一定要注重人才的开发和培养。一个企业的整体素质、结构如何，特别是人力资源的开发使用状况，对企业的经营水平与发展具有决定性的作用。

世界级成功企业都深知一个优秀的人才在企业中的作用，在福特汽车公司，人才被视为最有价值的资源。福特的座右铭——人才是唯一的永远具有竞争力的优势。福特汽车公司的成功就是用人的经典范例。

1945 年，当亨利第二次被任命为福特汽车公司的总经理时，他面对的是一家每月亏损 900 万美元的公司。

亨利知道管理人才对于企业发展的重要性。于是，他用高薪请来了通用汽车公司的副总经理欧内斯特·布里奇全面领导福特汽车公司，布里奇还给“福特”带来了另外几个“通用”的高级管理人员刘易斯·克鲁索和哈罗德·扬格伦等人。此外，亨利还雇用了十个年轻的“神童”（包括后来任世界银行行长的查尔斯·桑顿和利顿工业公司董事长的阿杰·米勒），在这批人的有效管理下，福特汽车公司起死回生了。

在知识经济时代，人力资源对企业越来越重要，许多企业将其誉为“企业最重要的资源”或“企业第一资源”。日本松下电器公司的创立者松下幸之助经常对员工说：“到外面去，如果人家问你，‘你们企业生产什么’？你应回答说：‘松下电器企业是造就人才的，也是生产电器产品的，但首先是造就人才的’。”

人才，好比树木的根系，一棵在山野莽莽林海中生长的树木，只有根深才能树干挺拔枝繁叶茂，才能经受得住暴风骤雨的吹打，经受得起严霜冰雪的洗礼，才能傲立云天。

有些企业不缺少人才，但人才都缺乏主观能动性，企业在人才的使用上要注重调动人才的积极性，激发人才的工作热情，使人才的潜能得以充分发挥。企业的人才竞争不是堆积人才，而是让人才的聪明才智得到充分发挥。

那么，如何调动人才的积极性呢？以下几个方面需要引起注意。

一、把企业目标和个人目标结合起来

要想调动人才的积极性，就要满足人才自我实现的需要，如果人们看不到所做工作的意义，就不会产生成就感，更无法体验人生的价值和意义。人才对自己的未来都有无限的寄托，经营者要把企业的目标和人才个人的欲望及所追求的目标结合起来，让他们理解工作的意义，看到自己的前途，感到企业的成功是与他们个人的成就连在一起的。

企业树立长远的经营目标，摆脱短期化经营行为，是赢得人才对企业产生信心的关键一步。优秀的企业管理者对企业的发展要进行长远的规划，使企业经营走向理性化，使员工对企业前途充满信心，让员工了解企业的优势、发展目标和美好前景。员工只有看见了企业发展的蓝图和目标，才会主动地把个人的事业和企业的前途紧密地连在一起。

二、把尊重人才、关心人才和体贴人才结合起来

要调动人才的积极性，很重要的一点就是要重视人才的感情因素，包括对其人格上的尊重、工作上的关心、生活上的体贴，等等。当领导者与被领导者之间建立起相互理解、相互信任、相互依赖、相互支持的工作关系时，被领导者就会得到精神上的满足，产生“士为知己者用”的热情，心甘情愿地追随领导者，为实现企业的目标而奋斗。

任何人都希望得到别人的信任与尊重，特别是希望得到领导者对自己的信任与尊重。而有的领导者对部下总是不放心，他们把一切事情都锁起来，只有自己有钥匙，在对部下交办事情时，常常不停地叮嘱；在部下工作时，不断地发布指示，这样做实际上是在干扰部下的工作。部下对此会感到左右为难，甚至会认为是对自己的不信任。

传统的管理模式是“控制型管理”，管理者把职权当作办事的唯一手段，在工作中，管理者力求对部下进行控制，要求他们听从指挥，以便建立“自己的”工作秩序，保证工作效率。这种管理方式显然已经落后了。随着时代的发展，人们开始认识到控制型的管理方式，充其量只能保证工作的稳定，却无法使执行者在工作中竭尽全力，服从的心理会使部下的主动精神受到束缚，创造性受到限制，责任感和工作热情受到影响。

管理者不能用控制的方法使部下处于被驱使的地位。在许多情况下，部下的积极性调动不起来就是由于他们受到了层层束缚。管理者要使部下心甘情愿地工作，发挥其潜在能力，最有效的方法就是把束缚他们手脚的种种不合理的规章制度去掉，使他们真正处于主人翁的地位。他们如果感到是在自愿地而不是被迫地工作，就会热爱自己的工作，就会一心扑在工作上，就会竭尽全力地做好自己的本职工作。

三、把报酬与贡献、奖励与表扬相结合

奖励和表扬是有效的管理者调动人才积极性的有效手段，受到表扬就会高兴这是人之常情。当人们在心情愉快的情况下工作热情和工作效率会更高，表扬是不能被其他任何东西所代替的。假如让一个有能力的人老是默默无闻，对其工作不予肯定，对其成绩不予表扬。那么，即使给他奖金，他也并非高兴。如果你当众表扬了他，肯定了他的成绩，高度地评价了他的作用，即使你不发给他奖金，他也感到高兴。因为你满足了他的自尊心和荣誉感。由此可见，有效的管理者应注意发现部下的成绩，尽可能多地予以表扬，尽可能多地予以精神上的鼓励。

调动人才的积极性，既要重视精神上的鼓励，也要重视物质上的鼓励，使人们得到的报酬与所做的贡献趋于一致。有效的管理者要把给被管理者的物质奖励与其工作成绩联系起来，以其工作成绩的大小来决定给其物质奖励的多少。否则，这种奖励就起不到调动人才积极性的作用。

有效的管理者应调动人才的积极性，应以奖励为主，但不等于不用处罚的手段。有奖就要有罚，赏罚分明很重要，惩罚对人们起着一种警戒的作用，它同样是一种激励因素，是从反面激励人。没有处罚机制，就难以维护正常的工作秩序，难以取得应有的工作成效。

有效的管理者对部下的处罚要特别慎重。处罚不是目的而是一种手段，把处罚作为一种威胁人的手段是错误的。有效的管理者应主要采用帮助教育的方式，使部下免于被处罚。当一个人到了接近于受处罚的时候，应及时给予提醒或提出警告。如果提醒、教育、警告无效，则应给予处罚。不过处罚的面要尽可能小，处罚的次数要尽可能少，最大限度地调动人的积极性。

作为企业，无论规模大小，无论什么性质、体制，首先要重视企业的人才建设，激发人才潜能，发挥人才的作用。唯有如此，才能打好企业发展的根基。

培养精英人才建设精干团队

“二八定律”也叫“巴莱多定律”，是19世纪末20世纪初意大利经济学家巴莱多发现的。他认为，在任何一组东西中，最重要的只占其中一小部分约20%，其余大部分约80%尽管是多数却是次要的，因此简称“二八定律”。

在商场普遍存在着“二八定律”现象，譬如：在商场里，其中20%的商品，可以赚来80%的销售额。

在企业的人才管理领域也同样存在着“二八定律”现象。

在管理岗位：其中20%的人占据着一个企业的各层次的主要岗位，而80%的员工只能占据企业的从属地位；20%的人的智力支撑着一个企业的运转，而80%的人只能按照这20%的人的指挥工作。

在科研部门：其中20%的人承担并创造出80%的科研成果，而

80％的科研人员只能承担并创造出20％的科研成果。

在销售团队中：其中20％的优秀销售人员创造着80％的产值，而其余80％的销售人员只能创造出20％的产值……

可以说，这20％的人就是企业的精英，是企业不可忽略的人才，是企业应该留住的人才。一个企业一定要拿出80％的精力来做好这20％的人才的保障、培训和服务工作，通过他们把企业组织成一个快速良性运转的系统。

很多企业害怕精英流失，特别是一些中小企业因人手短缺，所以分工不细，员工常常身兼数职，不少业务从无到有，整个过程由一些员工全盘处理。如果出现个别员工背信弃义，带走公司的机密资料及客户关系，投入别的企业的怀抱，或者另立门户，分庭抗礼，将给企业造成极大的损失。因此，聚集并保留一批有专业经验的忠诚人才，对一个企业来说相当重要。

许多企业都面临着精英流失的困境。那么，精英流失的原因是什么呢？

一、个人要求得不到满足

任何事物都有因果关系，任何工作都有利益回报。每个人都有自己的理想和愿望，如果通过自己的工作连有限的、应得的期望都难以实现的话，见异思迁也就不奇怪了。尤其是企业中的精英更是如此。

二、自我优势得不到体现和发展

企业精英都有一些独到的专业优势，也希望能够有机会获得某种程度的自我实现，如果企业没有提供这种机会，发挥不了自己的专业优势，那么，他就不甘心滞留在一个不能发挥优势、没有发展前途的地方。

三、彼此不能志同道合

人与人之间的性情、爱好、志向等存在一定的差异，而且随着环境和条件的变化而在不断变化之中。如果他所处的人际环境令他心情不舒畅，或者在认识和思维上同事间无法产生共鸣，他必然会想方设法寻找新的适合自己的工作岗位。

四、没有公正公平的发展环境

如果在一个企业干多干少一个样，有能力有成绩者不能得到重用或提拔，必然严重影响人才的积极性。许多人才，可以容忍报酬少一点而继续从事本专业工作，但是不能容忍不公正的工作环境、发展环境和福利待遇。

五、因为与他人产生隔阂

对上司有看法，与同事有矛盾，与别人无法相处等等，由于工作环境不适，许多人才选择跳槽，尤其是出类拔萃的人才，大多有点恃才傲物，个性较强，如果不能为其创造宽松舒适的工作环境，他们就无法尽心工作。

对于人才的流失，企业不能听之任之，要果断地采取措施留住人才。那么，怎样才能留住人才呢？

首先，要提高他们的工资待遇和生活福利。“先增加利润还是先提高工资？”这个问题就像“先有蛋还是先有鸡”一样让人无法说清，但对现代企业来讲，可以肯定地说要“先提高工资”，企业的利润才会增加。提高工资及相关待遇，就会使人才因为福利条件的改善而加倍工作。

应该说，争取更高的薪水是人才“跳槽”的最大原因。著名的波音公司的专家们曾对正想跳槽者进行调查，其结果表明，有40名为增加工资想要跳槽者与老板进行了谈判，其中27名因被加薪而留下来继续为公司效力。

其次，重视发挥有潜力的年轻人的作用。在公司里，新聘用的年轻人最容易跳槽，这些年轻人往往也是各公司所忽视的人才。不要一味指责这些年轻人好高骛远，把责任全都推给他们，试想一下一个精明的、怀有雄心壮志的员工在加入公司后被放在底层岗位，得不到应有的重视，那么他怎么可能不离开你的公司去寻找一个新天地呢？

当公司招聘到一位才力超群的年轻人，如果在他的任用问题上稍有疏忽或处置不当，将会给公司带来不必要的麻烦。要么这位人才会因位置不好而另谋高就，或者因为破格任用使那些资历较老、职位较低的人为此而抱怨公司厚此薄彼。所以用人的事不是小事，不可轻视，公司要重视人员配置结构，尽量达到即可提高员工的积极性又不至于牵一发而动全身。

IMG公司曾经聘用过一位这样的年轻员工：不到半年时间，他的能力已从其工作业绩中表现出来并远远超过他的主管。为此，公司将他调往国外负责组建分公司，以发挥他的才能。虽然这一任命使年轻人职升三级，但在公司里并没有引起什么不良的反应。

再次，合理使用和发挥闲置人才的作用。如果一位有胸怀远大的人在公司里做没有任何压力的工作，其才能无法得到充分发挥，他要求离职另求发展是必然要发生的事情。要避免这类事情发生的办法是：及时调整他们的工作，让他们承担一些与其能力相当或略微超过其能力的工作，以此来激发和调动他们的积极性。

在这个社会上，虽然有一些在工作岗位混日子的人，但真正有抱负、有志向、有能力的人，他们还是希望干一番事业，还是希望在自己的工作岗位上展现其才华和能力，而不是得过且过，“做一天和尚撞一天钟”。

最后，加强沟通，区别对待不同的人才。企业人才外流的原因，不外乎为名、为利、为争口气。为名者，希望能在职位上、名衔上有所提升或改善；为利者，希望能在工资上、福利上有所增加或改善；为争口气者，则希望能在工作环境和待遇上得到公正公平的对待。当人才不能得到名、利，不能被公平对待时，他们就会以跳槽来证明自己的能力。因此，对不同的人才要采取不同的对待方法，使他们人尽其才，共同为企业做贡献。

俗话说："三军易得，一将难求"。人才对于企业的兴衰起着决定性的作用。企业的竞争表面上看是产品、营销、服务的竞争，而其实质上是人才的竞争。与其在市场中寻觅高手，不如在企业内留住精英。

让员工的理想和企业的前途融为一体

每一个成功的企业都有一个明确而崇高的目标，并且让企业的目标成为每个员工的目标，一个成功企业要把各个员工的理想、抱负与企业的前途紧密结合在一起，共同发展，员工只有认为自己所在的企业有前途，才会积极努力工作，才会具有很强的事业心。

要使员工对企业前途充满信心，就要让员工认清企业的目标和企业的美好前景，员工只有看见了企业发展的蓝图和美好前景，才会主动地把个人的事业和企业的前途融为一体。

在日本有"经营之神"之称的松下幸之助深得这一奥秘。1937年，他在松下电器公司创业一周年纪念日大会上向全体员工宣布，松下电器要在25年后生产出大量价廉物美的生活用品，其多其快犹如源源而流的自来水，价格之便宜几乎和免费相等，他所编织的美梦超乎一般人的想象，通常会被人嗤之以鼻。但是，松下却有办法让职工相信这个灿烂的前景，他把这个长期规划分为三期：第一期十年为建设期，第二期十年为活动期，第三期五年为社会服务期。第一期计划十分详细、明确、令人信服，越往后期的计划就越大纲化。为了使职工共同追求这个目标，他踏实、认真地迈出第一步，着手实行第一期的工作。随着计划步步落实，职工的信念渐渐增强，这就极大地调动了他们的工作积极性。由此可见，增强部下的信念，就是使他们觉得自己是在献身于一个崇高的目标，从而觉得这种努力有价值，觉得是在参与建设一个他们能引以为自豪的未来，这是激励的基础。

企业要使部下保持持久的积极性，还要有实现计划的保证，要让大家看到达到目标的必然性。他们如果相信：只要顺利地做好眼下从事的工作，就能一步步接近目标，他们就会劲头十足，勇往直前；反之，当实现目标的可能完全无望时就会情绪低落，甚至导致欲望的丧失。

在企业的奋斗目标确定之后，经营者的主要任务就是带领部下实现这个目标。企业组织内部有明确的分工，使每一个人都有不同的努力方向。企业的管理者要把大家的热情调动起来，使各自的奋斗目标趋于一致，形成合力。

松下幸之助说："经营者的重大责任之一，就是让员工拥有梦想，并指出努力的目标，否则，就没有资格当领导。"许多企业管理者都有过对员工缺乏事业心的抱怨，员工没有事业心其实很多情况下只是员工对企业前途缺乏信心的表现，尤其是在小企业、新企业和处在困境中的企业，员工对企业前途缺乏信心的问题比较严重。在企业经营遇到困境时，员工对企业前途的信心会遭受更大的考验。只有企业的发展有潜力、有前景，员工才会有信心、有干劲。相反，如果员工对企业前途没有信心，会给员工带来多方面的心理压力。在这种心理影响下员工就会表现为悲观消极、缺乏责任心和事业心，甚至不得不思考跳槽的问题，这样的心态当然对员工个人的成长和企业的发展都极为不利。

美国著名的管理学家彼得·圣吉在其著作《第五项修炼》中提出"共同愿景"的概念。共同愿景是指组织中的人所共同特有的意象，它创造出众人是一体的感觉，并遍布到组织全面的活动中，而使各种不同的活动融合起来。例如，国际商用机器公司的“服务”，宝丽来公司的“立即摄影”，苹果电脑公司的“提供大众强大的计算能力”，福特汽车公司的“提供大公共运输”等，都是组织确立的共同愿景，以便把大家凝聚在一起。

共同的愿景会唤起人们的希望，工作也就变成是在追求一项蕴含在组织的产品或服务之中，比工作本身更高的目的。例如，美国电报电话公司的职工会感受到自己所从事的电话服务是在让全世界互相通讯；苹果电脑公司的员工的愿景则是使人们通过个人电脑来加速学习；福特公司的员工的愿景是制造大众买得起的汽车来为交通提供便利。崇高的目标能激发人们的工作热情，令人欢欣鼓舞，使组织跳出庸俗，产生火花。

苹果电脑公司的史考利说：“不论公司内忧外患有多严重，一步入麦金塔大厦，我马上就神采奕奕。我们知道自己即将目睹电脑史上一项重大的改变。”这就是苹果电脑的目标——设计一部更适合人们操作的电脑、一部让人们可以自由思考的电脑——所产生的强大驱动力。苹果公司最后所发展出来的麦金塔电脑，不仅容易使用，同时成为新的电脑工业标准，让使用个人电脑成为一件快乐的事。

理想的共同愿景可以产生强大的驱动力，驱动组织的全体成员产生追求目标愿景的巨大勇气，并把这种勇气转化为自己发自内心的行动力。事实已经证明：如果有一个强大的拉力把人们拉向想要实现的目标，那么维持现状的力量将牢不可破。一个共同愿景会引导人们一步步排除干扰，沿着正确的方向到达成功的彼岸。

企业的共同愿景不是命运的指引而是方向的指标，不是命令而是承诺。企业的共同愿景虽然不能完全决定企业的未来，但它可以“动员”资源和能力，从而创造企业的未来。

要把企业的战略规划和目标告诉员工，让他们看到企业的未来是什么样的，并以此来想象自己的明天是怎么样的。这样，他就感到有希望了，就愿意在这个企业工作了。他的劲头与热情就会随之高涨，否则，他的情绪就会低落。

建立共同的目标就会改变员工与组织间的关系，改变互不信任的人际关系，就会自动舍弃琐碎的事务，自觉地为着共同目标而奋斗，一起创造企业的美好明天。

企业要有充足的资本保障

充足的资本是企业正常发展的基本保障。一个企业的核心竞争力也是需要资金保障作为基础的，因此，资金是企业核心竞争力和抗风险能力中任何因素都无法替代的重要因素，只有这个因素正常了，其他相关因素才能够正常。

我们见过许多企业，其发展的势头不错，但由于资金的短缺而陷入了困境。比如，全国最大的炼油生产基地之一，亚洲第三大油脂加工企业，总资产 12.5 亿元的南通宝港油脂有限公司，一夜之间就进入了破产程序。

2005 年 10 月 8 日，债权申报小组进驻公司清理核实宝港实际资产。12 月 14 日，有关人士通报的初步调查结果显示，宝港油脂公司整个负债近 14 亿，其中银行贷款 8 亿左右，涉及 12 家银行，仅南通当地银行就有 8 家。南通市商业银行对记者宣称，南通市商业银行尚有 1.7 亿元贷款没有收回。中国工商银行也有 1 亿多元贷款没有收回。

宝港油脂有限公司曾被评为中国民营企业 500 强之一，董事长陈保存被公认为当地的首富。

陈保存是江苏盐城大丰人，1989年担任濒临倒闭的大丰第二粮油加工厂厂长，在两年内使该厂起死回生。不久。陈保存兼并了当地的第一、第三粮油加工厂，组建了宝鑫集团，企业逐渐走向兴盛。1999年，陈保存以招商引资的方式落户到南通市崇山川区，于当年10月创建了宝港油脂厂，注册资本3239万元，固定资产5亿多元。2003年，陈保存携资回乡投资中鑫生物饲料项目，并重组了大丰市供销机械厂、银海轻纺有限公司两个老国有企业，筹建了棉花、油菜生产基地和1600亩淡水养殖基地，可谓发展势头十足，发展前景看好。

可是，宝港油脂有限公司的快速膨胀引起了资金的极度短缺，而引起宝港资金断裂的真实原因是当时的一笔银行贷款没有找到担保单位，从而造成了资金链断裂，然后形成了一系列的连锁反应，最后导致破产。如此大的一艘“航母”竟在一夜之间沉没了。

一个企业一旦对债务失去了控制，灭顶之灾将随之降临。

2001年2月27日，湖北省宜昌市中级人民法院对猴王集团提出的破产申请进行审理之后裁定其破产。追思一下猴王集团从起步、发展、辉煌到衰落直至破产的全过程，对所有的企业主管都会有一定的启示与警示作用。

猴王集团总部位于湖北省宜昌市。它曾是我国512户重点国有大型企业集团之一，也是我国120户现代企业制度试点集团之一，还是国有企业中较早上市的公司之一。猴王集团原有职工近3000人，注册资金5.8亿元，主要生产电焊条，曾经为宜昌市的经济发展做过突出贡献，在全国同行业中具有重要影响。由于其产品质优价廉，曾广泛应用于国家重点工程，当时产品供不应求。员工们形容当时的情况是“门庭若市，一条（焊条）难求”。然而，这样一个好端端的企业到2000年年底却爆出了亏损25.08亿元、资产负债率高达645.53%的丑闻。

猴王集团创立于1983年，是由1958年建厂的国营宜昌市“七一”拉丝厂逐步发展起来的。成立初期，企业主管带领全体职工奋发图强，艰苦奋斗，争创名牌，很快取得了显著的业绩。据员工反映，当时，企业主管每天都是早上六七点就到工厂，晚上11点之后才回家，“以厂为家、创业向上”是当时企业管理者精神状态的真实写照。

但是，随着企业的兴旺、品牌的提升、赞誉的增多、鲜花的簇拥，“猴王”企业主管的自知之明出现了偏差，面对“莺歌燕舞”的景象，迷失了前进的方向。

猴王集团推行“负债经营、大力扩张”的经营战略，不切实际地提出了一些错误的企业指导方针，比较典型的是“三百”方针，即要在全国建100个企业（电焊条厂），开100家商店，办100个公司。在这一方针指引下，企业在短期内急剧扩充膨胀，招聘了大量的职工，制造了大量的负债和大量的不良资产。

由于债务失去了控制，猴王集团一步一步地走向了破产。

企业如同流动性资产构成的蓄水池，只有流经企业这个蓄水池的现金流入和流出协调均衡循环，蓄水池的容量才能维持不变，企业才能健康地生存发展。现金是企业生存的命脉，正如血液滋养人体所有组织一样，要让人体保持健康充沛的生命力，必须有足够的充满活力的血液循环。同样，现金在驱动着企业的方方面面，要让企业保持健康、持续发展的活力，也必须有足够维持正常生产、生活和发展的活动基金。如果企业资金运转处于入不敷出的状况，不管其账面利润如何耀人眼目，也摆脱不了日暮途穷地境地。

从资金流程来看，企业只不过是一系列资金流入和流出的协调中心。一方面，企业为了生存和发展必须从各种渠道获得资金，包括股东购买股票投入的资本金、银行等金融机构放贷形成的借款，以及供应商、员工给予延期支付的款项；另一方面，各种性质的资金进入企业之后，企业必须根据战略规划将这些资金运用到具体项目中去，比如购置固定资产、购买原材料等，通过资金的运作，不仅偿还银行借款的本息、支付供应商和员工的欠款，更重要的是给股东带来资本的增值。不同性质的资金对企业的要求是不同的，向银行等金融机构提供的债务资金一般具有严格的偿还条件，企业如果不能如期足额偿还，可能遭受严重的处罚，比如强制执行、技术性破产等。

人体血压太高或太低都可能影响人的正常生活，甚至导致严重后果，企业现金流高于或低于警戒线也是同样道理。如果企业现金流不通畅必然影响企业的正常运行，一旦企业现金流断流且无法及时补充的话，企业将直接面临被并购、重组，甚至破产的局面。

所以，企业一定要有稳健的财政政策，以有效保障企业的正常运行和持续发展。

第二章 分析形势准确定位

要有“出海前先观海”的习惯

许多企业管理者一旦看到赚钱的机会，似乎有一种“时不我待”的紧迫感。俗话说：“机不可失，时不再来”，有时机遇的出现就像电光石火一样稍纵即逝。从不失时机地抓住机遇的角度看是好事，这是问题的一个方面。

问题的另一个方面还有这样一句话，那就是“机遇永远垂青有准备的人”。因此，我们要做个“有准备的人”。比如上一个项目，首先要做好准备，就是对市场及其环境进行调查研究。

市场就像波浪起伏、变幻莫测的大海，它不但有朝晖夕阴、潮起潮落、瞬息万变等看得见的现象，而且还有激流险滩、暗礁漩流等看不见的现象。

一个在大海上航行和捕鱼的人，首先要熟悉大海的脾气，了解大海的潮汐规律，懂得观察海上风云变幻的预兆，否则，在海上作业就会遇到麻烦、危险甚至是灾难。

任何企业都不是生存在真空中，总要与周围的环境发生这样或那样的联系。一般而言，环境对企业的影响力要大于企业对环境的影响力。企业制定战略时，高层决策者除了要考虑企业管理者和员工想做什么、自身资源实力能做什么，还要考虑所处的环境允许做什么。

在联想控股有限公司（以下简称“联想”），有个看海图的故事。

柳传志说：“我们公司每年都要开战略制定会，开这个会的时候经常喜欢把自己比作一艘海船，然后要看海图，看看我们总的目标是在往什么地方去，现在这个船在什么位置，这个地方是顺水顺风，还是有潜流暗礁。看海图的意思很明白，无非是两个方面，一个就是我们这个行业大形势怎么样；一个就是我们所在的地域、政治经济形势怎么样，是不是高速行船。”

“联想从1984年办企业到现在，和我们同台领奖的很多著名企业家都成为过眼烟云，不是销声匿迹，就是翻身落马，原因就是凭经验办事，不看海图或者是看不好海图，对当前的政治经济形势没有弄清楚，过早地说了不该说的话，做了不该做的事，犯了法或者是犯了规。我们经常拿这些事提醒自己”。

一个企业的发展，离不开国家的政策和宏观的大环境。联想做企业看“海图”的经验，对每一个企业、特别是民营企业具有非常重要的借鉴意义。联想的成功在一定意义上说，就是“看海图”的成功。

企业一定要注重调查市场环境。市场大气候对某种产品的需求状况及其前景的影响，包括以下两个方向。

一是国家政策对某类产品在市场的销售走势的影响。譬如，改革开放之后，我国把广州、深圳、上海以及珠三角地区作为优先发展经济的样板地区。既然是样板地区，国家必然给予许多扶持性的优惠政策，这对于善捕商机、蓄势待发的企业来说，自然是投资立项的千载难逢的好机会。另外，我国东部以城市建设为中心的经济建设高潮，必然会吸引众多的建设者前去投资、打工，这又会带动相关产业的迅猛发展。

又如，继开发东部地区试点性建设高潮之后，国家又制定了重点开发西部地区的“开发大西北”经济建设战略。随之而来的是一系列对西部投资建设的优惠政策的出台，从而拉开了“西部大开发”的序幕。

再如，2004年国家又提出了“振兴东北老工业基地”的经济发展战略部署，被经济学界称为“启动发展中国经济的第四极”战略。

应该说，国家每一次大的经济战略部署和政策的优惠，都会给那个地区带来无限的商机，睿智的企业就能把握商机，迎头赶上。

二是发生重大事件对市场的影响。许多突发事件会将对市场产生极大影响，如果企业对此茫然不觉，或者反应迟钝，就会遭受损失。反之，却能在艰难中迎来柳暗花明，既可规避风险，又能意外生财。

譬如，2003年流行全国的“非典”传染疾病（又称SARS病毒）。SARS病毒传播速度之快，后果之严重，大大出乎人们的预料。其不仅对旅游业产生了严重的影响，而且对商业活动也产生了极大的影响。在“非典”爆发前，部分企业探悉到SARS病毒传播的途径和预防措施后，立即抓住了在传染病流行的形势下人类珍重生命和健康的大机遇，很快投入到对消毒药水和提高免疫力药品的开发和生产中，结果他们在这些药品畅销中独占了繁荣的势头。这些商家由于占尽市场先机，从而规避了一场风险。

再如，2004年，我国部分地区爆发“禽流感”后，疫区附近许多家禽养殖场如同遭逢地球末日一样，迅速采取措施将禽类处理掉，从而保证了企业没有遭受更大的损失，而有些饲养场主不搞市场调研和分析，盲目地以为“风险与机遇同在”，在疫区附近贸然投资，结果损失惨重。同样认识到“机遇与风险同在”的是许多远离疫区的厂家，他们在采取周密的预防措施后，积极投资上马家禽养殖业，于是在2005年发了大财。

任何一个企业都要懂得借风使船、顺势而为。企业可以影响环境，但企业改变不了环境，企业要做的是认识环境、适应环境、选择和利用环境。

确定明确合理的经营目标

成功学的一个重要观点是：目标是成功的第一位因素，其他都是支持性的因素，服务性的因素。

那么，什么是目标呢？词典上解释为：目者，眼睛也；标者，标记或者标志也。二字合在一起的意思是：眼睛看到的标志。一个人要前行，眼睛看到的某个物体就是前行的标记或者标志，我们把它叫做目标。一个人要摘果子，眼睛看到的那个果子就是标记——目标。从这个意义上讲，一个人要做一件事情，那想像中的事情的成功结果就是目标。

许多研究企业发展问题的专家指出：当前影响企业发展的一个严重问题，就是企业的发展目标不够具体、明确、清晰。

北斗星是人们在夜间辨识方向最常用的显著目标，抬头确认了北斗星的位置，再看一下自己所在的位置，前进的方向就好确定了。

经营企业，首先要确认“北斗”。当然，这个北斗不是天上的北斗星，而是企业追求的经营目标。

明确具体的目标是指引企业航行的灯塔，有了它企业之船才能满载货物靠岸。假如这灯塔不是明亮易见的，航船不仅靠不了岸，还有触礁沉没的危险。

沃尔玛公司从成立、发展到现在堪称是成功的楷模，它的成功就是因为它有具体的、明确的、清晰的目标。

在1945年山姆·沃尔顿创立第一家廉价商店时，他的第一个目标是“在5年内使我在纽波特的小店成为阿肯色州最好、获利能力最强的杂货店”。要实现这个目标，这家店的销售额必须增长3倍以上，从年销售额7.2万美元，增长到25万美元。结果是这家店达到了预期目标，成为阿肯色州和附近5个州获利能力最强的商店。

沃尔顿继续替他的公司制定惊人而清晰的目标，每过10年就定出一个目标。1977年度，他定出的目标是：在4年内成为年销售额1亿美元的公司（亦即增长两倍以上）。

当然，这个目标又实现了。他继续替公司定出新的目标，以1990年为例，他定出一个新目标：在2000年前，使公司拥有的商店数目倍增，并且使每平方公尺的销售额增加60%。

沃尔玛公司的一名董事罗伯特·康恩曾在一封信中这样写道：“……沃尔顿清楚表明一个目标，要在2000年前，把商店的数目增加一倍，并且把每平方尺的销售提高60%。更重要的一点是，他确实定出了1250亿美元的明确目标。”

企业需要一个明确目标。只有当目标明确后，企业才有了前进的方向。目标明确后，不同的职能部门、不同的员工在工作中才能形成一股合力，从而更好地发挥企业团队的力量，形成知识与技能的聚合作用，更好地促进目标的完成。

许多成功的企业都有明确的经营目标，并通过企业经营者的身体力行和宣传贯彻，从而使公司所有的员工对公司的经营目标产生认同感，进而为目标的实现而积极、努力地工作。如果一个企业可以做到这一点，那么这个企业也就能够说是特别出色的一个企业了。

给企业确定一个清晰的目标并不是一件容易的事，它需要建立在对企业内外部信息和各类资源进行认真分析，需要做大量的分析调研工作。一个企业在确定目标的时候，要有自知之明，理智的态度会让企业朝着正确的方向前进，该抓住的机遇理所当然地要抓住，不能达到自身能力要求的应果断地予以放弃。

在现代，有许多企业每当发展到一定阶段，就会选择扩张方式寻找新的利润增长点，大型企业集团更希望通过扩张保持规模竞争力，但对于大多数企业的扩张而言，失败的比率远远高于成功的比率，这就是因为缺乏“自知之明”而盲目扩张的结果。

一个企业在制定企业“经济目标”前，要从企业的人力资源、原料资源、资金资源、机器生产能力、市场推销能力等诸多方面去考虑，本企业最大的生产能力究竟是多少。生产能力不仅仅是机器的生产能力，它还受企业员工的科研能力、管理能力和技术能力的制约。倘若科研能力上不去，产品就不会有科技含量，因为没有自主的知识产权，也就不会有高附加值，倘若管理能力和技术操作能力跟不上，计划生产的产品质量和数量就达不到标准。

企业“经济目标”的制定既不能太高，也不能太低。目标太高与实际能力相差太远，就会让员工失去奋斗的信心；目标太低又无法体现企业的能力，对员工的积极性和创造性起不到促进作用。最合理的目标高度是“跳一跳够得着”。譬如头顶上方一根树枝，你伸手够不着，可是你奋力跳一下手就够着了，这个高度对人具有强烈的诱惑力。当然，你懒惰、不想跳是无法够得着的。如果你有上进心你就得跳一跳，而且是奋力一跳，这样保证够得着。如果那根树枝太高，超过了你的能力限度，即使你用尽九牛二虎之力也够不着，当然就对你没吸引力了，你也不会去跳了，因为那个目标太渺茫了。

弗罗伦斯·查德维尔女士曾经横渡过英吉利海峡，1952 年 7 月 4 日，她决定横渡卡塔琳娜海峡，她想成为横渡该海峡的第一位妇女。许多媒体都等待着她的这次尝试。

这天，卡塔琳娜海峡大雾弥漫，弗罗伦斯·查德维尔信心百倍地与冰冷的海水搏斗着，并且多次击退了鲨鱼对她的进攻。但是，经过长时间的遨游后，在她多次向对岸眺望时，却只看到浓重的大雾。由于长时间内看不到对岸的目标，她的信心动摇了，疲劳开始袭击她，终于，她放弃了征服卡塔琳娜海峡的念头。

然而，当她爬到船上之后才得知，她离对岸的目标只差半英里，她当时后悔莫及。后来，她实事求是地对所有关注她的各国记者说，那天她功亏一篑并非是自己的意志力和毅力的原因，而是她的视野里根本看不到目标。所以，她才失去了信心。

这个体育界的“目标决定成败”的案例对企业颇有深意。“跳一跳够得着”的清晰高度，是制定经济目标的最佳高度。

企业“经济指标”的制定，绝对不能按照企业的理论上的最大生产能力去计算，而只能把最大生产能力作为参考，按照实际中等偏高一点的高度去制定。

在行业竞争激烈的今天，企业做任何事情都必须有明确的适合自己企业发展的目标，然后才能够将事情做好。企业的发展目标，应该是具体的、明确的、清晰的。只有这样，才能保证目标的贯彻实施，才能保证目标的最终实现。

企业决策要发挥自己的优势

有的企业决策经常像是“人云亦云”。看见有人开酒店红红火火赚了大钱，自己就想开酒店，结果做了就赔钱；看见人家买汽车搞运输生意兴隆，就想投资搞运输，结果同样会赔钱；听说别人炒股发了财，就想投资炒股票，结果进去被“套”住了；看见人家办企业上产品产销两旺，年年盈利，如果盲目跟上去，那么亏损的可能是你。常言说："人贵有自知之明"。任何时候、办任何事情，都不要人云亦云，要正视自己的实力，要看到自己的优势。业界有这样一句话："隔行如隔山，同行不同利。"不考虑自己的能力及自身的条件去做事，就必然会遭遇失败。

有一本畅销书叫《现在，发现你的优势》，主要是讲怎么识别个人优势，促进生活和事业的成功。同样，企业也需要认识自己的优势，认识自己的强项，才有可能扬长避短。现在"竞争优势"这个词听得很多、讲得很多，但许多企业对竞争优势内涵的理解还有偏差，还没有真正地去认识自身优势进而利用、发挥自己的优势。

优势，既可以体现在产品或服务的质量、价格、性能、速度等方面，也可以是顾客眼中一个企业或其产品比竞争对手优越的任何东西。清醒的企业经营者，要想将企业做强做大做久，必须充分认识自己的优势，才有可能在驾驭企业平稳发展的过程中，充分利用自身优势，使企业再上一个新的台阶。

战略管理有一个很著名的分析工具，叫"SWOT"分析。其中S表示优势，W表示劣势，O表示机会，T表示威胁。当我们把优势、劣势、机会、威胁放到一起综合分析的时候，才能对企业自身有比较全面的认识。作为一位企业管理者，当别人问"你的企业的优势是什么"时，如果你无言以答，那么你就该警惕了，因为此时的企业可持续发展将受到威胁；如果你能够回答出来，那么应该再问问自己：这个优势可以持续多久、这个优势会不会被别人模仿、还有哪些潜在的资源可以整合转化为优势？只有这样步步追问，才能对自身的优势有正确认识。也只有明确了企业究竟在哪些方面有优势，才能扬长避短，以实击虚，在竞争中取得胜利。

认识优势的目的是发挥优势。农夫山泉股份有限公司看到了自身产品"矿物质水"的特点，就把其看作自己产品的优势，通过各种途径进行宣传，最终在消费者心目中确立了“优”的形象，使自己在原本非常同质化的饮用水市场中开辟出了新天地。这是一个在深入分析的基础上发现自己产品优势，进而将其优势发挥到极致的案例。

再看一下乳业之争。当年，“蒙牛”和“伊利”挥师南下，开始进攻长三角以及整个南方市场。他们主要的产品亮点或者说优势在于“草原”两字。通过宣传“我的奶品来自草原”，其市场扩张很快。而南方起家的某乳业企业没有找到很好的优势应对，处于不利境地。其实，该乳业企业也有自身独特的优势，那就是“保鲜”。她虽然不是来自草原，但是她拥有很好的冷冻链，能够有效保持产品新鲜。竞争对手的产品从大草原经过长途运输，只能通过高温杀毒做成常温奶，从而影响了牛奶的新鲜和营养。如果某乳业企业能够在“保鲜”上面大力宣扬，发挥自己的优势，相信也能够保持良好的竞争地位。

企业有些优势是与生俱来的某些因素比如地理位置，但更多的优势是通过艰苦卓绝的努力逐步构建起来的。全球最大的零售业巨头沃尔玛公司，消费者都知道它的价格低。这种“低”来自哪里？答案是它直接从工厂进货，减少了流通环节：它建立了先进的物流管理系统，组织了大规模的运输车队，采用卫星全球定位技术指挥运输线路，大大节省了物流时间。能够做到这些，靠的是经营管理各个环节不懈的努力和创新。没有数十年如一日对品质的追求，沃尔玛公司就不会有今天的品牌优势。

每个企业间都存在一些差异，企业在同行业相互竞争中，可利用自己与对手之间竞争条件的差异而获得相对的优势。企业之间的差异是很多的，有产品品种上的差异、技术上的差异、销售服务网络上的差异、资产结构上的差异，等等。这种利用差异获得竞争优势的策略可以称为相对优势经营策略。

春兰（集团）公司在空调器生产的起步阶段就利用了产品品种上的差异，避开了当时行业内竞相生产的3000大卡以上的窗式空调，重点生产7000大卡以上的柜式空调和3000大卡以下的家用空调。他们这种“让开大道，占领两厢”的策略非常成功。柜式空调虽然生产量小，但利润率很高。家用空调利润率低，但需求量大，容易形成规模生产，取得规模经济的效益。由于生产量的迅速扩大，使得市场占有率不断增大，企业知名度也不断提高。1985年起步时，空调器的销售额仅为1000万元，1989年已猛增到1个亿，此后连续八年雄踞全国空调器销售额的榜首。

利用服务网络上的差异也能获得竞争优势。丰田公司由于确认堆高机生意的关键因素是“服务”，因此就把这项因素当作主要战场。这是一项重要的战略决策，因为建立密集的服务网需要投入很高的固定成本，而这些成本高到丰田的竞争者无法跟上的地步。今天，丰田的堆高机服务网非常密集，以致该公司声称在全日本任何地方，两小时之内都可派出服务车。因此，即使丰田的产品和定价方式都没有什么改变，其堆高机生意却持续发展。

美国耐克公司利用资产结构上的差异从德国阿迪达斯公司手中夺走了运动鞋“霸主”的宝座。耐克公司只是从事鞋业研制和贸易的公司，并没有自己的生产实体，也就是无须在生产设施上投资。当他们把生产转移到工资成本低的亚洲地区的时候，而阿迪达斯的大部分产品却在工资成本高的欧洲生产，显然在产品的成本上无法与耐克竞争。耐克将资金集中在产品设计上，平均每年推出100个新样式。在生产流水线上耐克鞋约有1000种样式，几乎每五个月就换系列。而阿迪达斯由于资产结构上的分散，无力集中资金开发新产品，在与耐克的竞争中已无优势可言，只得将“霸主”的宝座拱手相让。

一个企业要在行业中领先群雄并不需要在每一项职能上都明显

地占优势，只要在某个关键性职能上占绝对优势即可。这里的关键是企业必须将拥有的优势不断用来压迫竞争者，使之无法缩短双方的差距，从而在竞争中保持持久的优势地位。

同时，企业管理者一定要意识到，优势是动态变化的。今天有优势不等于明天还能有这个优势，今天的优势说不定就是明天的劣势。百事可乐公司的发展历史是一个最好的例证。可口可乐公司由于是可乐的发明者，因此大家都认为它是最正宗、最经典的可乐。百事可乐公司反而利用了对手的这个“优势”，将其重新定位为传统、老土、落伍的可乐，而将自己定位为“年轻人可乐”，并采取了一系列措施迎合青年人的口味。最终，百事可乐公司从不起眼的挑战者，成长为能够跟可口可乐公司分庭抗礼的巨头。

可见，企业要在竞争中取胜，必须正确认识和利用自身优势。企业在发展变化的环境中，要想获得持续的发展，必须不断发现、改造、强化自身的优势。

避开企业劣势化解不利因素

从拆字上来解释，“少力”为“劣”，企业的劣势是指竞争力薄弱或相对缺乏技术、资源、资金、能力等。劣势与优势相比较而存在，相发展而转化。所谓“尺有所短，寸有所长”，不管大企业、小企业，不管是跨国公司，还是家庭作坊，都有自己的优势、劣势。企业在进行战略规划或经营运作中，必须明白自身的劣势，才能避免用劣势和别人去对抗，也只有明白自己的劣势所在，才能将劣势逐渐转化为优势。

企业有劣势并不可怕，可怕的是企业不知道自身的劣势。众多企业的教训表明，不清楚自身劣势，不做好防范和应对准备，只能留给自己失败的苦果。一些企业盲目多元化而衰败的案例，其实质是对自身劣势认识不足的结果。这些企业的管理者没有看到，自己要进入的这个新行业，自己既缺乏在这个行业运营的经验和专业人才，又缺乏在这个行业中的信息和人脉资源。看不到这些劣势，只看到自己在资金上的优势，拍拍脑袋就投资，最后多半不成功，偶尔“活”下来也是侥幸者。

企业在认识自己劣势的时候，要具有辩证的眼光。规模小是劣势，但灵活性就是优势；缺乏经验是劣势，但思维创新又是一种优势。某些做到一定规模、品牌以后的企业，更要在优势中去看自己的劣势，在劣势中看自己的优势。比如，麦当劳、肯德基这样的快餐业，产品标准化、快捷方便是优势，但是快餐缺乏营养就是隐藏在优势中的劣势；可口可乐有百年历史，历史悠久、品牌强大是优势，但当其被消费者定位为传统、老土、落伍的可乐时，优势就变成了劣势。只有非常深刻地、辩证地认识自己的优劣势，才是成功者的选择。

以“王老吉”凉茶为例，“王老吉”其实是一种“清热解毒祛暑湿”的药饮，但大多数中国人根深蒂固地认为“是药三分毒”。这种市场认知对“王老吉”来说是种劣势，但“王老吉”的企业经营者很聪明，在看清这个劣势以后对自己的产品进行了重新定位，他们针对市场上清凉饮料在功能上的不足，打出了“怕上火，喝王老吉”的招牌。这个定位与市场需求正好吻合，于是产品迅速打开了局面。如果当初“王老吉”不针对这个劣势及时采取措施，那今天的市场格局就是另一番景象了。

怎样才能看清自己的劣势呢？

首先是进行比较。与同行业的标准比较，与兄弟企业比较，与跨国公司比较。有一家企业原来以为自己规模不小，但参加了同行业的一个会议后，发现自己的资产总量虽然不小，但由于子公司众多，平均每个子公司的资产量还不到1000万元，只是另一个企业的二分之一。突然间，他们感到自己的企业既散又小，经不住市场的风吹浪打。后来，下决心重组合并，组成了五大板块，既节约了成本又减少了层次，当年就收到了不菲的利润。

其次是利用外脑。在寻找自身劣势的时候，或由于对企业的感情影响了判断的准确性，或因为长期在这个行业、这个企业工作形成了惯性思维，或由于“身在此山中，不知云何处”等，往往自鸣得意，此时，借助第三方的力量就很重要了。通过自己的智囊团，或者聘请咨询机构进行独立分析，可以对企业得出比较全面的认识判断。外脑用好了，可以从外部、从更客观的角度来评判企业，使得对企业优劣的认识更加全面准确。

总之，不怕企业有劣势，关键是要看清劣势、克服劣势，化劣势为优势，而不是被劣势挡住发展的步伐，更不要被劣势绊倒在前进的大道上。

优化资源配置发挥最佳效益

任何企业的资源都是有限的，如何将有限的资源通过优化配置使之充分发挥作用、取得最佳效益是十分重要的，它是企业获得最大收益和取得成功的关键。

企业是经营实体，其主要目标是投资收益最大化。追求利润是企业永恒不变的法则，也是企业发展的基础。企业作为投资主体一定要从市场经济的角度来出发，站在经济实体的位置上去考虑，对投资的每一个项目、花出的每一分钱都要从收益最大化的角度进行纵向的、横向的、短期的和长期的分析。现在有些企业在投资效益分析上做得还不够，对于每一项投入缺少经济的、合理的、长期的比较分析论证，无效投入比较多，这不仅造成宝贵的资金浪费，而且企业发展也缺乏后劲和市场竞争力。

在企业资源分配过程中可以采用筛选法确定资源配置优先权。企业的经营业务并非同等重要，各项业务的发展潜力也不尽相同，企业要将资源集中运用于关键性的业务，才会取得更大的效益。分散使用资源是不可取的，好钢要用在刀刃上。企业将资源集中投向附加值高的、市场潜力大的、竞争对手难以模仿的产品，才能赢得竞争优势。只有发挥自己的优势，将资源用来增强核心竞争力，才能在竞争中取胜。

优化资源配置从战略角度上来考虑，还可采用项目评价法。无论是近期项目还是长期项目，都要进行项目评价。对经营性项目可以从销售、利润或市场份额等方面用数字来说明，然后对所需要的资源作出估计，计算投资收益率。对于投资收益率高的项目显然应放在优先配置资源的地位。对新产品开发项目，业务扩张项目等，都应该事先作出评估，确定资源配置的优先次序。对项目不作评估，不仅会造成盲目投资，还会陷入平衡失调，影响企业战略规划的实施，影响企业的正常发展。

在资源分配上必须要有长远的战略眼光，不能将资源都用于应付当前的经营项目，而要抽出一部分用于增强企业发展的潜力，用于未来的投资，也就是把所有投资分为“经营投资”和“战略投资”两大类。所谓“经营投资”是指当前经营所必需的投资或开支。“战略投资”是指未来发展所必需的投资，是为了长期效益最大化。有许多企业常常忽视“战略投资”，因为它基本上不影响当前的经营，但后果肯定是灾难性的。许多企业之所以辉煌一时，而后销声匿迹，就是因为他们只考虑眼前利益，将资源全部用于经营投资，盲目扩张，使企业缺乏后劲，当企业出现资源枯竭之时，也就到了企业寿终正寝之日。

另外，在资源配置过程中，我们要注意各项行动计划和项目的相互依存关系，企业的各项经营业务之间常常是相互关联的。比如生产规模的扩大依赖于销售能力的提高，销售能力越强越能促进产品大量生产而不至于造成积压。因此，第一个项目的最大价值往往取决于第二个项目获得成功而得以实现，如果第一个项目得到投资，第二个项目暂时得不到投资，那么第一个项目就不可能实现其潜在的最大价值。

资源配置中的风险是不可避免的，因为在企业的经营中有许多不确定的因素，对于这些不确定的因素常常需要作出确定性的抉择，并以此来配置资源，其风险是不言而喻的。因此，资源配置的时机选择是很重要的，合适的时机能让风险降低到最低程度。例如，我们是应该现在实现这一战略项目，还是应该把它推迟到形势更加明朗的时候？或许你认为应该把它推迟到形势更加明朗的时候，这样风险较小。然而，也许这样的选择可能会错失良机。

例如，1961 年，英国威肯逊公司首次利用不锈钢原料制造剃须刀片获得成功，美国刀片大王吉列公司主管从不锈钢刀片一问世，即对其保持了警觉，但他在等待“形势更加明朗”，只因慢了半拍，结果贻误了战机。在 1963 年不锈钢刀片大量上市且风靡世界市场时，吉列公司的总体市场占有率由 70％降到 55％，连续两年利润下跌 10％。

与此相反的是，许多企业为了抓住机遇而变得操之过急。如美国早在 20 世纪 70 年代就发明了可视电话，但投放市场后销路并不理想，主要原因是价格较高。是否可以增加科研投入或扩大生产规模，形成批量生产，使价格下降呢？这在当时都是行不通的。进入 20 世纪 90 年代之后，通讯传输技术的光纤和激光束的问世和应用，使可视电话的销价大幅度下降。20年后的技术进步才使可视电话真正进入市场。

任何事情都讲究一个恰到好处。超前了时机不成熟，滞后了时过境迁，错过了最佳时机。所以，把握最佳时机则节约企业资源，反之，则导致企业资源的浪费。因此，企业在配置资源的时候，一定要把握好时机，不仅要放对地方，而且还要选对时间。

总之，企业应该根据总的经济形势、市场发展趋势和企业资源状况，对提供给各项经营业务和战略计划的资源作出通盘安排，让资源实现最佳配置。

根据自身优势明确目标市场

无论企业多么优秀，无论资源多么的丰富，要确定自己的最佳目标市场，还必须到市场中去检验，市场将决定企业的一切。在资源相对有限的今天，企业很难从广泛的角度去思考整个市场，去争取整个市场，所以，企业应首先考虑自己的目标市场。企业选择一部分消费者作为自己的经营对象，就是选择自己的目标市场。

所谓目标市场，是指企业为自己的产品规定一定的市场范围或目标，即企业为满足现实或潜在的消费需求而开拓的特定市场。企业通过市场细分会发现不同欲望的消费群体，发现市场上未得到满足的需要，这些未满足的需要就是市场机会，但并非所有的市场机会都可以为自己的企业所利用，成为有利可图的企业机会。一种市场机会能否成为企业机会取决于两个条件：一是该市场机会是否与该企业的任务和目标一致；二是该企业是否具备利用这种市场机会的条件，即该企业在利用这种机会时是否比其潜在的对手有更大的优势，因而获得更大的差别利益。一般地说，只有与企业的任务、目标、资源条件相一致，比潜在的竞争对手有明显的优势，能获得更大的差别利益的市场机会，才能为其所用，才能成为一个企业的机会。

企业的发展一定要与自己确立的目标市场紧密相连。企业要根据产品确定目标市场的方向；根据自己的产品产量，定位目标市场的大小，或者根据目标市场的大小，确定自己的产品产量。企业发展如果不同目标市场相联系，就只能是盲目扩张。从理论上说，一个企业从诞生之日起，就应该有自己的目标市场定位。目标市场的定位可以使企业确定自己的发展规模、产品品种和质量档次。很多企业因为缺乏科学的目标定位，导致了企业大而不强、大而不优、大而不特，缺乏市场竞争力与发展后劲。

企业的目标市场定位是非常复杂的一项管理工程，是企业生存发展的基础和关键。如果一个企业没有科学的目标定位，这个企业就会处于一种盲目的、不定的和游弋的发展状态，就会在市场竞争中被不断创新的企业所取代。如果企业的目标定位准确而且科学，那么用其统领企业的发展就会使企业由弱变强、由小变大，以提高企业可持续发展的能力。

目标市场定位是每个企业都要面临的问题。成熟的企业在市场环境发生变化时要重新进行目标市场定位，对于产品转型的企业更需要进行目标市场定位。由于各个企业经营的产品不同、面对的顾客不同、所处的环境不同、所以目标市场定位的具体策略也不尽相同。

那么，如何进行目标市场定位呢？以下四种方法仅供参考。

一、根据自己的优势确定目标市场

优势是相对而言的。什么是优势？就是别人费时费力才能做成的事，你轻而易举就能把它做得很好，这就是你的优势。反过来讲，什么是劣势？别人不怎么费事就能做得很好，而你费了很大劲才能做好，这就是你的劣势。一个人认识不到自己的优势，终生困惑；一个企业认识不到自己的优势，会影响自己的发展。比如，中小商店一般与邻里之间的关系熟稔，有的一见面就能喊出名字，甚至连对方家中琐事也能了如指掌，这是一般新开张的大商场所望尘莫及的优势。中小商店应把握这个优势，抓住这些“老顾客”的心；另外要将邻里的日常所需作为进货项目的优先考虑，则更容易吸引他们经常上门。

以前，北京市场上有两种啤酒，一种叫燕京啤酒，喝起来口感“爽”；一种叫华尔森啤酒，喝起来口感“苦”，苦得不得了。其实，爽有爽的感觉，苦有苦的优点，就跟苦瓜一个道理，味虽苦但败火。开始人们吃不惯苦，等吃惯了就觉得那爽的没味，但“华尔森”却不懂其中道理。因为当时买苦味啤酒的人太少，于是他们就把“华尔森”啤酒的苦味搞淡了，淡和爽可不是一回事，结果弄得苦不苦、爽不爽的，买的人就更少了，不久公司就倒闭了。苦是优点还是缺点，你得搞清楚，如果索性就苦下去，并围绕着苦大作文章，时间一长就会形成爱“苦”的消费群。一旦爱“苦”的消费群稳定下来，再开发爽的消费群，市场就保住了。

二、根据特定的消费群体来定位

曾有一家生产“曲奇饼干”的厂家，最初将其产品定位为家庭休闲食品，后来发现不少顾客购买“曲奇饼干”主要是用于馈赠亲友，于是又将其定位为礼品。

安徽蚌埠有家白酒厂，前任厂长不会定位，生产经营朝不保夕。新任厂长是个明白人，上任后第一件事就是定位。他把原来的酒细分之后，第一个解决的是定位于农村问题。他给农民造了一种酒卖 2 元钱一瓶，很便宜，他决定用简单的包装。如果包装讲究还卖 2 元钱一瓶，农民肯定会想：“这不是好酒。”要给农民一个印象：“包装很简单，但酒是好酒。”最后他设计的这种酒，其瓶盖连压的都不是，只是套上一个套，里面垫一个金属片，农民喝时开启非常方便，拿筷子一捅就可以喝，取名叫“一倒通”，市场销量很好。

三、根据顾客想得到的利益定位

产品提供给顾客的利益是顾客最能体验得到的，把顾客想得到的利益用作定位的依据，是进行目标市场定位的有效办法。1975 年，美国米勒啤酒公司推出了一种低热量的“Ute”牌啤酒，将其定位为喝了不会发胖的啤酒，迎合了那些经常饮用啤酒而又担心发胖的人的需要。

世界上各大汽车巨头的定位也各有特色，劳斯莱斯汽车公司生产的车豪华气派、丰田汽车公司生产的车物美价廉、沃尔沃汽车公司生产的车则结实耐用。这些汽车巨头之所以能够成功，都是根据顾客想得到的利益来定位的。

四、根据不同消费者的类型定位

企业常常试图将其产品指向某一类特定的使用者，以便根据这些顾客的喜好塑造恰当的形象。

美国米勒啤酒公司曾将其原来唯一的品牌“高生”啤酒定位于“啤酒中的香槟”，吸引了许多不常饮用啤酒的高收入妇女。后来发现，占 30%的狂饮者大约消费了啤酒销量的 80%，于是，该公司在广告片中展示了石油工人钻井成功后狂欢的镜头，还有年轻人在沙滩上冲刺后开怀畅饮的镜头，塑造了一个“精力充沛”的形象。在广告中提出“有空就喝米勒”，从而成功占领“啤酒狂饮者”市场达 10 年之久。

事实上，许多企业进行市场定位所依据的原则往往不止一个，而是多个原则同时使用。因为要体现企业及其产品的形象，市场定位的考虑必须是多维度、多侧面的。同时，目标市场的确定不是一成不变的，企业要及时了解、研究客户在市场发展中的需求变化，并且根据变化重新确定自己的市场目标。企业目标的定位并不是不变的，可以根据市场的变化、产品和技术的更新进行调整，这种调整有时是局部的，有时是战略性的，最终的目的是要确保企业目标定位的合理性与准确性。

如果不了解自己的目标市场在什么地方，有多大规模，有什么发展变化，那么，对于企业的发展是相当危险的。

独创产品形象明确市场定位

世界著名市场营销学家菲力普·科特勒认为：定位就是树立企业形象，设计有价值的产品特色，以便使细分市场的顾客了解和理解企业与竞争者的差异。具体地说，所谓市场定位，就是根据竞争者现有产品在市场上所处的位置，针对消费者或用户对该产品特征或属性的重视程度，塑造出与众不同的、给人印象鲜明的形象，并把这种形象生动地传递给顾客，从而使该产品在市场上确定适当的位置，其目的是使产品产生差异化。

确定企业的产品定位已成为现代企业营销活动中营造品牌优势的基石。定位理论创始于20世纪70年代的美国，当时重点强调的是通过广告攻心，将产品品牌定位于潜在顾客的心中，而不改变产品的本身。20世纪80年代，世界著名市场营销专家菲力普·科特勒将定位理论系统化，他认为：定位就是树立企业形象，设计有价值的产品品牌的行为，以便使细分市场的顾客了解和理解企业与竞争者的差异。可见，定位是目标市场选择后的结果，它直接影响着产品策略、价值策略、分销策略和促销策略的选择。

市场定位是塑造一种产品在市场上的位置，这种位置取决于消费者或用户怎样认识这种产品。

在香港市场上，瑞典绅宝汽车初期由于定位不清销售数量不大，1980—1988年间只销售出1000多部，业绩很不理想。1988年，该公司委托香港著名的广告人纪文风重新为绅宝汽车定位，突出其独特的款式及设计，安全稳健的性能，它的跑车具有全自动开关的顶篷设备。目标市场的消费者定为高薪、有学识、有品位、有成就的年轻行政人员，策划了一个推陈出新的市场推广计划，大受顾客的欢迎，一星期就卖了1300部绅宝900型号的汽车，刷新了汽车行业一周销量的纪录。1988年以后的五年内，该公司共出售了7000多部车，定位之重要由此可见一斑。

一个企业的产品可以有多种定位，诸如低价定位、质定位、服务定位、先进技术定位等等，但最根本的是建立它所希望的、对目标顾客具有吸引力的竞争优势。

那么，如何进行产品的市场定位呢?

第一步是确认自己产品潜在的竞争优势。竞争优势有两种基本类型：成本优势和产品差别化。成本优势是指在同样条件下比竞争者定出更低的价格，产品差别化是指向市场提供更多的特色产品以满足顾客的特定需要。企业一定要清楚地知道自己的产品到底有哪些优势，这是产品定位的基础，定位是在产品的优势上展开的。

第二步是准确选择具有竞争优势的产品。如果有几个潜在优势可供挖掘，就要一项一项地进行优势对比分析，选择最有利用价值的优势。以方便碗面为例，方便面厂对碗面大多形成了批量生产，各家技术不相上下，成本水平相似，质量相对均衡，其中某品牌碗面在维持原有价格、成本、质量、服务水平基础上推出了儿童面系列，树立了儿童食品的产品定位形象，赢得了优势。

对京城百货商店的分析，我们同样也可以感到各不相同的竞争优势。西单商场是龙头老大，通过最大市场占有率保持优势；赛特购物中心是高价典型，通过豪华招徕富有的消费者；蓝岛大厦是文化兴商，通过各种文化活动引起顾客的偏爱；菜市口百货商场在规模、档次、服务上都不占优势，但其却通过重点经营金银首饰赢得了一席之地。可见，准确选择具有竞争优势的产品至关重要。

第三步是准确地向市场传播企业品牌定位观念。选择竞争优势后，就需要通过广告宣传将其传播开来，深入顾客的心灵。专家认为，再强的竞争优势也不会自动在市场上显示出来。美国健怡七喜饮料的成功，不仅在于以“非可乐”作为定位策略，而且还在于将这个广告词布满麦迪逊大道，最终可口可乐公司向法院提出诉讼，但法院判决“七喜”胜诉，使其更加深入人心。

产品的准确市场定位有助于企业营销，其重要性表现在以下几个方面。

一、市场定位有利于塑造企业的形象

市场定位是通过为自己的产品创立鲜明的特色或个性，从而塑造出独特的市场形象来实现的。产品的特色和个性，有的从产品实体上表现出来，如形状、成分、构造、性能等；有的从消费者心理上反映出来，如豪华、朴素、时髦、典雅等；有的表现为价格水平，有的表现为质量水准，等等。

例如，在洗衣粉市场上，名牌产品通过巧妙的定位塑造市场形象，“奥妙洗衣粉”强调高效力；“碧浪洗衣粉”突出去污力；“汰渍洗衣粉”渲染去污渍；“宝莹洗衣粉”宣传保护衣物和在冷水中溶解。又如，在空调器市场上，“科龙空调”强调质量第一，能效比最高的市场定位赢得用户信赖；“海尔空调”则强调功能先进，在空调大战中拔得头筹。由此可见，名牌需要定位，定位造就名牌。

二、市场定位有利于增强企业的竞争能力

企业在进行市场定位时，一方面要了解竞争对手的产品具有何种特色，另一方面要研究顾客对该产品的各种属性的重视程度（包括对实物属性的要求和心理上的要求），然后根据这两方面进行分析，再确认本企业产品的特色，以独特的产品形象参与市场竞争。

例如，广东惠州 TCL 集团股份有限公司多年来对国际国内彩电市场进行了分析，对进口产品和国内同类产品竞争的优势和劣势作了分类对比，根据顾客需求的变化，结合自身的实际情况作了产品的市场定位，推出 TCL 王牌大屏幕彩电。在国内彩电市场由中小屏幕向大屏幕发生结构性变化之时，先声夺人，一跃成为国产大屏幕彩电产销量之冠，成功地遏制了进口大屏幕彩电对我国市场的冲击。又如，日本雄狮公司在对泰国、马来西亚等地的市场作了深入的了解之后，生产迎合当地消费者喜爱的香味牙膏，在产品的命名、包装、宣传及销售等方面处处迎合消费者的心理，以其独特的产品形象，成功地将本来受当地人欢迎的美国固龄玉牙膏挤出了市场。

三、市场定位有利于营销活动的开展

定位是所有传播活动的基础。只有把产品的定位作为所有传播活动的向导，才能向消费者传播一致性的形象。定位明确能增加目标顾客的信任度，加之传播媒体反复传播产生的累积效果，继而使营销投资报酬率达到最大值。如果定位模糊，会使目标顾客群感到迷惑不解，营销活动便难以取得效果。

定位是对产品的再创造，只有被定位了的产品才能给消费者留下深刻印象。

结合企业实际善用定位策略

定位理论的先驱艾·特劳特说：“能够随时地善加运用定位策略的人，无疑地将会成为人生竞争中的佼佼者。”

市场定位策略是一种竞争策略，它显示了一种产品或一家企业同类似的产品或企业之间的竞争关系。定位方式不同，竞争态势也不同，我们将从竞争的角度分别介绍避强定位策略、迎头定位策略和重新定位策略。

一、避强定位策略

避强定位是一种避开强有力的竞争对手的市场定位。采用这种策略能够迅速地在市场上站稳脚跟，并能在消费者或用户心目中迅速树立起一种形象。由于这种定位方式市场风险较小，成功率较高，常常为多数企业所采用。

20 世纪 60 年代以前的美国市场，电视机全是本国产品，而日本的电视机业不仅刚刚起步，其技术也是从美国引进的。在 20 世纪 60 年代初期，日本索尼公司准备进入美国市场，经过研究，发现美国企业只注重摆放在客厅里的大型电视机，而对小型电视机嫌其利薄而不屑一顾。于是索尼公司采取避强定位策略，生产小型电视机出口到美国，以暂用美国销售商的渠道和牌号进行销售，满足了小型电视机用户的需求，很快在美国市场上站稳脚跟。此后，日本企业又小心翼翼地升格为美国企业可以容忍的正面进攻，将其生产的较大型号的电视机打进美国市场。直到 20 世纪 70 年代，索尼、东芝、日立等公司以自己的牌号和销售渠道向 49 厘米以上的彩电发起总攻，几经较量，美国企业节节败退，退到了求助予贸易保护这个非竞争性武器进行抵御。试想如果当初日本企业不采用避强定位策略，以大型电视机向美国企业发动正面进攻，其结果会是怎样呢？必然是无功而返。事实上，20 世纪 60 年代以后，日本在产品策略上做了重大调整，变技术驱动为市场驱动，在需求差别中寻找市场机会，开发不同性能的产品，实现产品的多样化，打开市场缺口进而扩大市场。像丰田汽车公司的节油小型车策略，索尼公司的家用电器小型化策略，本田汽车有限公司的把汽车技术用于开发摩托车的策略等，都是选准了市场缺口，避开了当时大企业的锋芒，为人所不为。

日本吉田工业株式会社的创始人吉田忠雄用一句话概括了这种新的市场定位策略："与大企业反道而驰就会成功。"美国著名企业家艾科卡也曾说过："照我的看法，如果你不是首屈一指的，你就得创新，如果你是福特公司，你就必须钻通用汽车公司的空子，你必须占领他们还没有想到的市场位置。你不能和他们面对面地较量，他们实在太大了，你必须从侧面包抄他们。"艾柯卡的这段话指出了避强定位的实质所在。

二、迎头定位策略

迎头定位是一种与在市场上占据支配地位的，亦即最强的竞争对手"对着干"的定位方式。显然，采用这种策略会有一定的风险，但不少企业认为这是一种更能激励自己奋发向上的可行的定位尝试，一旦成功就会取得巨大的市场优势。在发达国家，这类事例屡见不鲜，如百事可乐公司与可口可乐公司之间持续不断的争斗，采取的就是迎头定位策略。

美国可口可乐公司与百事可乐公司是两家以生产销售碳酸型饮料为主的大型企业。可口可乐公司自 1886 年创建以来以其味道独特，扬名全球，使其"同胞兄弟"百事可乐公司在第二次世界大战前仍难以望其项背。第二次世界大战后，百事可乐公司采用了迎头定位策略，专门与可口可乐公司竞争，把自己置身于"竞争"这个独到的市场定位。半个多世纪以来，这两家公司为争夺市场而展开了激烈较量，而他们都把相互间的竞争作为促进自身发展的动力及最好的广告宣传。百事可乐借机得到迅速发展，1988 年百事可乐公司荣登全美十大顶尖企业榜，成为可口可乐公司强有力的竞争者，应该说这与百事可乐公司定位策略是密不可分的。百事可乐公司总裁罗杰·恩瑞将竞争定义为"未必要打倒敌人"，而事实正是这样，通过这场旷日持久的饮料大战，可乐饮料引起越来越多消费者的关注，当大家对百事可乐公司和可口可乐公司之战兴趣盎然时，双方都是赢家，因为喝可乐的人越来越多，两家公司都获益匪浅。

实行迎头定位的策略必须知己知彼，尤其应清醒估价自己的实力。所谓实力，是指企业的商品开发、科研、销售、筹资、经营、广告、宣传、形象战略诸方面的综合体现。企业只有具备了一定的实力，才有可能挑战行业领先企业。而行业领先企业通常不会放松自己，他们会更加巩固其地位。如果自己是一家小公司，则不适于正面挑战大公司。

三、重新定位策略

重新定位通常是指对销路少或市场反映差的产品进行二次定位。这种重新定位旨在摆脱困境，重新获得增长与活力。之所以出现这种状况，是由两种原因造成的。一是原产品定位策略是错误的，要进行产品再定位；二是原产品定位策略正确，但是由于当初定位所依赖的客观环境发生了变化，必须进行产品再定位。

例如，齐民思酒业有限责任公司的前身山东寿光侯镇酒厂，由于规模较小，业绩算是一般，进入20世纪90年代，该厂厂长刘子祥发现，许多大城市的商店和酒店中，那些标价数千元一瓶的高档洋酒销路一直看好，市场占有率逐步扩大，而国内几乎没有能与之抗衡的产品，他决定将产品重新定位，开发属于中国人自己的高档酒，向“舶来品”发起挑战。1993年夏天，刘子祥厂长走出国门到西欧这块酒文化高度发达的地方去考察学习，在英伦三岛和法兰西，他亲眼目睹了古老传统与现代科技相结合的酿酒工艺。回国后，他穿梭于国家食品工业发酵研究所、天津轻工学院、无锡轻工学院等专业性科研单位。在专家们的指导帮助下，一种集传统工艺和现代科技于一体的高档“齐民思酒”问世了。它在继承了古老酿酒工艺的基础上采用微机控制，计算机勾兑调香，分子筛过滤，使酒质特佳，醇香绵甜，回味悠长，更令人叫绝的是这种酒的包装，它的整体外观就像一部古色古香的书，寓意是酒与《齐民要术》的不解之缘，里面还配有一套银光闪耀的银锡合金酒具，制作这样一套酒具，需要一个银匠精心敲打 15 天时间，因此，件件玲珑剔透，巧夺天工，加上丝绸和缎带制作的逼真仿古包装，透着十足的皇家气派，这种瓶装只有四两的佳酿一问世，立即引起舆论关注。不少海外媒体甚至称之为“中国酒文化的经典之作”。

可见，重新定位给企业增添了勃勃生机，产品的重新定位赋予了产品崭新生命的境界，企业根据市场的现实情况，及时地调整经营计划目标，找准新的市场切入点，给产品重新定位，给企业带来重生。

定位策略的选择应贯穿于整个定位过程中。这些策略是多种多样的，任何一个企业无论规模大小，技术先进与否，产品总量多少，只要采取了正确的定位策略，都能找到自己的市场位置。

发挥核心竞争力避免盲目多元化

许多企业发展到一定时期，就忽略了自身的实际情况及其赖以生存的优势，而盲目地上其他项目以扩大经营，结果导致竞争优势消失，很快就被其他企业超越，“无可奈何花落去”，自己不得不宣布破产，实在惋惜。

南京伯乐集团始建于 1959 年，属于大型军工企业、国家部属企业。20 世纪 80 年代实行“军转民”后，其生产的伯乐冰箱曾经是南京市的骄傲。

20 世纪 90 年代初期以该厂为核心组建了南京伯乐电器公司，它是中国第一家完全国产化的冰箱整机厂。

这里，曾经诞生了中国第一台家用空调和第一台双门电冰箱，伯乐冰箱在1994年占领了中国冰箱市场20%的份额。

伯乐电器集团公司组建之后，迅速扩展了一百多个分公司，总之什么高端时髦搞什么。虽然集团公司主管自我感觉越来越好，但集团的利润却越来越少。组建短短两年即1996年，伯乐电器集团公司的新增贷款已达5亿多元。

到20世纪90年代末，伯乐集团负债加亏损多达12亿元，银行负债近10亿元。在负债累累的情况下，伯乐电器集团公司不得不宣布破产。

像伯乐电器集团公司这样一个强大的企业，由辉煌走向黯淡最终导致破产，归根结底是因为他们盲目追求发展，实行多元化经营的结果。如果哪位企业主管在经营策略和发展规划上不考虑自身的实际情况，不注重对自身优势的发挥，而是盲目设立机构、多上项目、以求发展，那么，必然会像伯乐电器集团公司一样落得个破产的结局。

许多大公司在反思多元化战略给公司带来困境之后，纷纷改弦易辙，开始调整自己的发展战略。比如著名的通用电气公司总裁韦尔奇在接任总裁职位之后，开始对该公司进行一系列重大改革。其中之一便是进行业务重组，即缩减多元化领域，回归主业，在要做的领域中争取最优，树立世界性的竞争优势。从事多元化的百事可乐公司，面对从事专业化发展的可口可乐公司的咄咄逼人攻势，也不得不把旗下快餐业务出售，重新走专业化经营发展之路。

很多大企业都失败在盲目实施多元化的战略上，盲目多元化会使资源分散、丢掉主业，完全失去市场竞争优势，因为产品和项目品种越多，相对每一种产品来说，企业的综合投入就越少，企业如果过多地致力于产品的多样化，势必削弱“拳头产品”的力量，枝多叶茂果实累累反而会把主干压弯压垮。

人们普遍认为，多元化经营能够分散风险和获得范围经济效益，但它是有前提的，只有以核心竞争力为基础的多元化经营才能获得分散风险和范围经济的好处。

从多元化经营的实践来看，存在的问题往往是企业忽视了自己的核心竞争力。常犯的错误主要有以下三个方面。

一是过早地实施多元化经营。一个企业要想在多个领域立足并获得成功，就得先培养和造就强大的核心竞争力，储备相当的资金、技术和管理实力。然而，有的企业在主业上稍微积累点资金和核心专长，在市场上稍微占有一点市场的份额，就自恃实力雄厚，“心不专、手发痒”，急于实施多元化战略。春兰集团就是一个明显的例子。春兰集团在1995年的空调销售额已经达到近50亿元，市场占有率是独占鳌头，如果春兰集团继续采取集中战略，发挥自己在品牌和资金上的优势，肯定能进一步提高市场占有率。同时，又可阻止外国空调企业的进入和迫使相当一批国内空调企业退出，提前结束空调行业的结构性调整和不必要的“空调大战”。然而就在这时，春兰集团作出与此相反的决策，采取了非相关多元化经营战略，大举进入摩托车制造业及电冰箱等行业，因此造成资源、精力的分散，使它在本行业失去优势，逐步陷入必须与那些本来不是对手的企业发生对抗，接受外商、同行对手的挑战，致使春兰空调1997年的市场份额从30%下降到7%，走向衰落。

二是过快地实施多元化经营。多元化经营的速度必须与核心竞争力的培养和储备的速度相协调。过快地实施多元化经营必然导致资源分散、管理粗放，使核心竞争力消失，从而使多元化得不到核心竞争力的有效支撑，最后葬送多元化。这就犹如一棵大树，过快过分地枝繁叶茂，必然增加根系负担，营养输送顾此失彼，最后使这棵树过劳而衰、摇摇欲坠。

一些企业初步获得成功之后，就认为自己干什么都得心应手，什么行业都可以进入，而且很容易获得成功。因此，第一年就进入五六个行业，第二年再进入八九个行业，第三年又进入十几个行业。国内有一家企业集团，简直就成了跨行业办企业的机器，在短短的几年内就横跨几十个行业办了近 150 家企业。多元化速度过快，造成资源分配紧张、资本结构恶化、核心竞争力消失，最后使整个公司陷入困境，进退两难。

三是过分地追求非相关多元化经营。多元化经营与核心竞争力无关时，多元化经营则是企业经营战略的陷阱，它不仅难以分散风险、反而会造成资源分散，运作跨度和费用加大，决策失误增多。这就好比果实必须结在与树根相连的树枝，才能源源不断地得到根系提供的养分，使果实发育成熟。当多元化经营与核心竞争力无关时，多元化就成了无本之木，就会因为失去核心竞争力的有效支撑而枯萎。

国内外许多著名的大公司都是以核心竞争力为基础来发展多元化经营并获得成功的。比如，日本的 NEC 公司一直以数字技术和集成电路作为自己的核心技术，并以此开展多元化经营。我国的海尔集团在数字技术，尤其是超大规模电路和系统集成技能建立起了自己的核心竞争力，并把这种核心竞争力扩展到冰箱、空调、彩电等家电及信息产业。

总之，企业不宜盲目发展多元化经营，即便要发展，也要采取“宁精勿杂，宁专勿多”的策略，不要四面出击以多取胜，不要认为“东方不亮西方亮”。

应顺应市场需求实现横向一体化

从管理模式上看，企业出于对生产资源占有和对生产过程控制的需要，传统的策略是扩大自身规模，或参股到供应商企业，与为自己提供原材料、半成品或零部件的企业形成一种所有关系，这就是人们所说的“纵向一体化”管理模式。

许多企业大多采取“大而全、小而全”的经营方式，这就是纵向一体化的表现形式。例如，一些企业拥有从铸造毛坯、零件加工、装配包装到运输等一整套设备、设施及组织机构。

随着科技迅速发展、竞争日益激烈、需求不断变化的形势，“纵向一体化”模式暴露出的缺陷越来越明显，其表现形式主要有以下几个方面。

一是增加企业投资负担。不管是投资建新的工厂，还是投资于其他控股公司，都需要企业自己筹集必要的资金，这给企业带来许多不利之处。首先，企业必须花费人力、物力在金融市场上筹集所需要的资金。其次，假设新建项目，由于项目建设周期较长，期间不但不能生产还要背负利息，况且用于项目基本建设的时间越长，企业背负的债务越重。

二是要承担丧失市场时机的风险。对于某些新建项目来说，由于其有一定的建设周期，往往出现项目建成之日就是项目下马之时的现象，市场机会早已在项目建设过程中逝去。从选择投资方向看，决策者当时的决策可能是正确的，但是因为花在基本建设上的时间太长，等项目建成投产时，市场行情已经发生了变化，错过了进入市场的最佳时机而使企业遭受损失。因此，项目建设周期越长，企业承担的风险越高。

三是会迫使企业从事不擅长的业务活动。“纵向一体化”经营模式的企业实际上是“大而全、小而全”的路子，这种企业把产品设计、计划、生产和人事、管理、信息以及设备维修等工作全都看做是本企业必不可少的组成部分。往往许多管理人员花费很多的时间、精力和资源去从事辅助性的工作。结果是辅助性的工作没有抓好，关键性的业务也受到影响，这不仅使企业失去了竞争特色，而且还增加了企业生产成本。

美国通用汽车公司就是采用纵向管理模式的企业，在它的公司里生产 70%的零部件，而福特公司只有 50%，克莱斯勒只有 30%。正是由于通用汽车公司的顽固做法，导致它不得不经受着多方面竞争的压力。通用汽车公司因为生产汽车零部件而耗去的人工成本高于其他两个公司，每生产一个动力系统，它比福特公司多付出 440 美元，而比克莱斯勒公司多 600 美元，在市场竞争中始终处于劣势。

这种情况在我国也经常出现。例如，某机器制造厂为了解决自己单位富余人员的就业问题，成立了一个附属企业，把原来委托供应商生产的某种机床控制电器转给自己的附属企业生产，由于缺乏技术和管理能力，不仅成本比外购的高，而且产品质量低劣，最后影响到产品的整体性能质量水平，一些老客户纷纷撤出订单，使企业蒙受很大的损失。

四是在每个业务领域都直接面临众多竞争对手。采用“纵向一体化”管理模式企业的另一个问题是，它必须在不同业务领域直接与不同的对手进行竞争。例如，有的制造商不仅生产产品，而且还拥有自己的运输公司。这样一来，该企业不仅要与制造业的对手竞争，而且还要与运输业的对手竞争。在企业资源、精力、经验都十分有限的情况下，四面出击的结果只能是面临四面楚歌的困境。

事实上，即使是 IBM 这样的大公司，也不可能具备所有业务活动所必需的才能。因此，从 20 世纪 80 年代末期起 IBM 公司就不再进行纵向发展，而是与其他企业建立广泛的合作关系。例如，IBM 公司与苹果公司合作开发软件，协助 MCT 联营公司进行计算机基本技术研究工作，与西门子公司合作设计动态随机存储器等等。

五是会增大企业的行业风险。如果整个行业不景气，采用纵向一体化模式的企业不仅会在终端用户市场遭受损失，而且还会在各个纵向发展的市场遭受损失。过去曾有这样一个例子，某味精厂为了保证原材料供应，自己建了一个辅料厂，但后来味精市场饱和，该厂生产的味精大部分没有销路，结果不仅味精厂遭受损失，与之相配套的辅料厂也举步维艰。

由以上案例可看到“纵向一体化”管理模式的种种弊病，从20世纪80年代后期开始，国际上越来越多的企业放弃了这种经营模式，随之而来的是“横向一体化”模式的兴起，即利用企业外部资源快速响应市场需求，本企业只抓最核心的东西：产品方向和市场。至于生产，即使不是全部委托其他企业加工，也是只抓关键零部件的制造。例如，福特汽车公司的Festiva车就是由美国人设计，由日本的马自达生产发动机，由韩国的制造厂生产其他零部件和装配，最后再在美国市场上销售。

“横向一体化”形成了一条从供应商、制造商到分销商的贯穿所有企业的“链”，由于相邻节点企业表现出一种需求与供应的关系，当把所有相邻企业依此连接起来，便形成了供应链。这条链上的节点企业必须达到同步、协调运行，才有可能使链上的所有企业都能受益，于是便产生了供应链管理这一新的经营与运作模式。

在美国，随着劳动力成本上升，已有越来越多的公司选择了“业务外包”策略。据1996年的统计，美国工业当年有1000亿美元的外包业务。实施业务外包策略的最主要原因是为了控制和降低成本、提高公司的核心业务能力和积蓄形成世界级企业的能量。总而言之，就是为了在新的竞争环境中提高企业的竞争能力。

一个企业从产品开发、生产到销售完全包下来，不仅要背负沉重的投资负担，而且还要花相当长的时间。采用供应链管理模式，则可以使企业在最短时间里寻找到最好的合作伙伴，用最低的成本、最快的速度、最好的质量赢得市场，受益的不止是一家企业，而是一个企业群体。因此，供应链管理模式受到了越来越多的企业的青睐。

有人说，21世纪的竞争不是企业和企业之间的竞争，而是供应链与供应链之间的竞争，这种看法是很有道理的，一个企业由于自身规模和实力所限，试图参与全方位的竞争是非常不明智的。明智之举是凭借自己的独特优势使自己成为某个优势供应链中的一个环节，成为群体中的一个成员。

第三章 研究对手有备无患

了解竞争对手做到知己知彼

《孙子兵法·谋攻篇》中说：“知己知彼，百战不殆，不知彼而知己，一胜一负，不知彼，不知己，每战必殆。”意思是说，在军事纷争的过程中，不仅要了解敌人还要了解自己，只有这样作战才不会失败；如果不了解敌人而只了解自己，那么胜败的可能性就会各半；如果在作战中既不了解敌人又不了解自己，那么每战必败的可能性就很大了。

“知己知彼，百战不殆”这一规律，不但为古今中外的军事家作为一种智慧、一种决策制胜方略所推崇，它同样也适用于社会生活中的各个领域，特别适用于当前的经济领域。

企业要有良好的竞争信息收集和分析系统，将竞争对手的各项竞争要素进行综合分析，通过分析找出自己的优势和弱点，为制定营销战略提供依据。同时，认真分析研究竞争对手的优点，制定出相应的行动措施，力争超越竞争对手。

根据竞争对手的特点，收集其业务上的关键信息，包括销售量、市场份额、毛利、财务状况、是否有新投资、设备能力利用率等；同时还可以通过客户、供应商和经销商获取第一手资料。比如，竞争对手的财务状况，它们能否筹集到更多的资金，其竞争核心是价格还是特色、质量、服务、品牌形象，等等。

通过信息收集，分析与了解竞争对手所可能采取的战略行动，可能发生的产业变迁和环境变化及其反应，以及对其他公司的行动可能作出的反应。

了解竞争对手可能采取的行动是竞争分析中一个重要的环节。只有这样，才能站在竞争对手的角度判断可能采取的行动。如果当前的业绩表现满意且前景看好，那么它的行动将会继续下去；如果目前的行动使竞争对手业绩表现很差，那么它采取新的行动的可能几乎是肯定的。

企业要想方设法获取竞争对手的信息，其途径主要有以下几种：

（1）公司的年度报告；

（2）公司管理者最近的言论；

（3）公司公开发表的文件或信息；

（4）互联网上信息搜寻；

（5）访问竞争对手的公司网址；

（6）与竞争对手的客户、供应商及以前雇员谈话；

（7）新闻媒体中刊载的有关文章；

（8）竞争对手参加的贸易展览；

（9）第三方研究机构对行业或竞争对手企业的既往业务研究；

（10）其他方面。

在现实中要做到“知彼”，不仅要知道现实的竞争对手，而且还要知道潜在的竞争对手。要知道现实的竞争对手在做什么、将要做什么，这是当务之急；还要知道潜在的竞争对手在什么时候、什么地点可能出现，可能存在哪些潜在威胁。对于现实的竞争对手要高度警觉，而且要有一套应对措施。对于潜在的竞争对手更不能疏忽大意、失去戒备。

企业如果不能从未来的发展考虑应对潜在的竞争对手的策略，

就谈不上什么战略和经营管理。那些潜在的竞争对手一般是在企业发展方向的较高位上出现，即在较高的层次上或更有力的位置上而不是在同一层次上做同质化竞争出现的。这就使企业首先要对自己未来发展的更高阶段的特点有清楚的了解，对于向更高阶段过渡的条件也有清醒的认识，才能注意到潜在竞争对手出现的特征。许多企业仅仅从技术发展规律上知道未来高级阶段的变化，却不知道在经营方式与市场环境上更高阶段的变化特征，因此，也就不能察觉潜在竞争对手为何人，会在何时何地出现。

潜在竞争对手的来源包括以下几个渠道。一是不在本行业但是可以不费力气便可克服进入本行业壁垒的企业；二是进入本行业便可获得协同效应的企业；三是其战略延伸必将导致可加入本行业竞争的企业；四是可能前向整合或后向整合便可进入本行业的客户或经销商；五是其他可以进入本行业的竞争对手。

一个企业想要获得长足的发展，就一定要了解竞争对手的状态，这样才能根据竞争对手的情况作出灵活的应变对策。

分析竞争对手把握市场商机

商场如战场，在商场上必须重视竞争对手，分析竞争对手的信息及其可能采取的行动，有针对性地采取措施，避免失败。

1975年，美国布列斯托—梅耶公司推出一种叫做“速驱痛”的非阿司匹林止痛剂的新产品，“速驱痛”与老牌产品“泰乐”相比，效用相同但价格低廉。生产“泰乐”的约翰逊公司当即作出了降价、秘密交易和大举竞销等各种反应，“速驱痛”在价格和新颖性上的优势迅速被压倒了。布列斯托—梅耶公司没有预见到竞争对手的快速反应，这一失误导致了其市场的丧失和对新产品成功期望的破灭。

一定要分析竞争对手。世界著名大公司都非常注意竞争对手的产品，注意分析对手的优缺点。

戴尔公司能够领先于其他竞争对手而立于不败之地，就是因为非常重视对竞争对手的信息分析。

戴尔公司的销售部门常会在办公室里摆几张非常漂亮的桌子，桌子上分别摆放着 IBM、联想、惠普等品牌的计算机。同时桌子上都有一个小牌子，上面写着：他们的计算机具有什么特性、我们的计算机特性又是什么，彼此的优势与劣势在哪里。这样做有什么好处呢？就是在了解自己产品特性的同时更为详尽、透彻地了解竞争对手的产品特征，有针对性地引导客户需求。

既然分析竞争对手如此重要，那么如何来确认竞争对手呢？

一、确认竞争对手的目标

竞争对手在市场里找寻什么，其行为的驱动力是什么？此外还必须考虑竞争对手在利润目标以外的目标，竞争对手的目标组合，以及用于攻击不同产品和市场细分区域的目标。

二、确认竞争对手的战略

本公司战略与其他公司的战略和产品定位越相似，公司之间的竞争越激烈。在多数行业里，竞争对手可以分成几个追求不同战略的群体。战略群体即在某一行业里采取相同或类似战略的一群公司，确认竞争对手所属的战略群体将影响公司某些重要认识和决策。

三、确认竞争对手的强势和弱势

正确分析竞争对手，需要收集其几年内的资料。一般而言，公司可以通过二手资料、个人经历、传闻来弄清楚竞争对手的强弱，也可以进行顾客价值分析来了解这方面的信息。

四、确认竞争对手的反应模式

了解竞争对手的目标、战略、强弱，都是为了解释其可能的竞争行动，及其他们对其他公司的产品营销、市场定位及兼并收购等行动可能作出的反应，也就是确定竞争对手的反应模式。此外，竞争对手特殊的经营哲学、内部文化、指导理念也会影响其反应模式。

企业要有良好的竞争分析系统，就要清楚地知道：本企业都有哪些竞争对手，哪些竞争对手领先及其优劣势和主要行动，本企业要采取什么行动，竞争对手反击的可能性、时间、性质和强烈程度，如何保持竞争优势等因素企业。分析竞争对手，可从以下几个方面入手。

首先，从获得的外部资料中定期分析竞争对手。收集竞争对手发布的外部资料，定期分析竞争对手的营销动态、优势、市场定位、产品走向等，以便更有效地制定竞争战略。

其次，从竞争对手的主要客户中进行分析。分析竞争对手的主要客户，跟踪并了解竞争对手的主要情况，分析竞争对手主要客户的潜力，判断是否有机会获得这些客户。

第三，从竞争对手的优势上进行分析。分析竞争对手的优势，为企业经营发展和客户经营提供可参考标杆，为制定竞争策略提供决策依据。

第四，从竞争对手的实力与策略上进行分析。分析竞争对手的实力与策略，寻找与竞争对手的综合差距，有利于建立有市场区域的营销战略和竞争策略，指导竞争策略的执行。

一个企业失败的原因也许是其竞争对手太强大了，但是如果不懂得向竞争对手学习，不懂得在竞争对手身上找到可以借鉴的长处，完善自我，调整自我，不断地弥补自己，那么再优秀的企业也会被竞争对手击败。所以，在一定程度上竞争对手并不可怕，有时对手就是自己成长、发展和成功的最大驱动器。

在商场上，竞争对手在一刹那间很可能对你形成致命的威胁。因此，企业最大的失误就是错误地判断竞争对手，低估了对手，甚至因不了解对手而盲目乐观，或者过高地估计了对手，使自己的决策出现错误，给企业带来严重的损失。

在对竞争对手的分析上，任何企业必须明白，不能临时抱佛脚，要及时对竞争对手进行分析、研究，并不断调整和完善自己。

科学利用“迟人半步”的策略

“迟人半步”策略就是通过学习领先者的经验，降低研究与开发成本，同时还可以从领先者的失误中吸取教训，并且修改产品技术指标以更好地满足消费者的需求。

“迟人半步”强调的是比领先者慢半拍，就是等领先的企业推出新产品后再伺机推出自己的产品。这种战略是不把投资用在抢先研究新产品上，而是绕过新产品开发这个环节，回避新产品开发风险，专门模仿市场刚刚推出并得以畅销的新产品，进行追随性竞争，以此而分享市场收益。

采取“迟人半步”策略，通常有以下两点理由。

一是借助他人的力量，铺就自己的道路。任何新产品都不可能一锤定音，完美无瑕。迟人半步，可以巧取他人之长，求得适合自身发展的捷径。意大利休斯勒·派克德公司在别的公司新产品问世后，他们的工程师就向用户探询新产品的优缺点，探询用户有什么特殊要求。用不了多久，他们的推销员就登门来推销完全符合用户要求，属于自己公司的“新”产品了。

二是分析对手特点，推出更优产品。客观上，现代企业产品之间的竞争，重要的不是看谁的产品先推出、先入市，而是看谁的产品质量优、功能全、价格低。所以，只要自己的产品能从质量、功能、价格等方面优于别人，也照样能胜于别人。日本松下电器公司大都采取“迟人半步”策略，哪怕被人讥为“模仿公司”也不在乎。当索尼公司首先研制出“贝塔马克斯”牌录像机时，松下公司马上分析这种录像机的优缺点，然后根据用户反映，再生产出比“贝塔马克斯”更适合用户需要的品种，很快，松下生产的录像机竟后来居上，超过索尼生产的录像机的销售量。松下几乎没有投入过大量资金去进行新技术开发，而是默默地静观他人之长，时时警觉，然后拿来为自己所用，在慢中求快。

由此可见，这里所说的模仿，不是单纯照搬，更不是伪造，而是在调查研究他人的技术、产品及加工水平的基础上，结合自己的特长拟定出新的方案，进而推出有自己技术特点及加工水平的产品。不言而喻，这种模仿是通向创造的台阶，通过模仿获得许多启发，将这些启发积累起来，进而去实现新的创造，形成自己的知识产权。这是企业参与竞争，战胜并超过竞争对手的一条捷径。

绝对的跟随是致命的。在一个细分市场上，跟随模仿人家做产品、做宣传，难以获得真正的竞争优势；另一方面跟随意味着放弃了主导权，跟随者缺少市场创新的勇气和战斗性，长此以往必被淘汰。跟随战略只能作为权宜之计，要在跟随中创新并超越。跟随战略应该是一个“学习＋复制＋创新＋超越”的长远规划。

在激烈的市场竞争中，要想在大企业的夹缝中生存和发展下去，模仿是有效的经营战略之一。模仿战略的应用，可以使企业省下一大笔新产品开发费用，降低风险，当然，在模仿时必须注意防止侵权，这就要求在模仿中要有创新。

对手的失误就是自己的机会

我们在观看一些顶尖级体育比赛时，发现比赛双方的实力与水平相当，那么比的是什么呢？比的是谁不犯错误或者少犯错误，一旦对手发生失误，那么就敏锐地抓住并趁机赢得比赛的胜利。

企业也是一样，要密切关注竞争对手的行为，从中发现对手失误或者犯错的征兆。一旦发现就应该迅速采取有效措施，从而在竞争中占据有利位置，获得竞争优势。

1992 年当“双汇火腿肠”介入火腿肠行业时，“春都火腿肠”已经领先火腿肠行业六年。1997 年亚洲金融危机爆发，市场突然萎缩，火腿肠行业降价声一片，但当时的行业龙头春都不降价，表面上“春都”自恃强势品牌，不降价照样能卖货，而实际上，由于它产品单一，降价就意味着降利润，“春都”的软肋暴露无遗，这个机会被“双汇”抓住了。

“双汇”坚决降价，同时强力推出高档新产品“王中王”火腿肠。由于新产品没有对手，属于高利润产品，双汇用“王中王”火腿肠的利润支持普通火腿肠打价格战，结果，低端产品赢得了市场，高端产品赢得了利润。“春都”无法接招儿，从此一蹶不振，“双汇”成功占据霸主地位。

有时候，对手的失误是挑战者获得成功的契机，挑战者千万不可错失良机。很多时候，一个机会可以改变自己的弱势地位，获得长久的竞争优势。

联想集团在全球个人电脑市场能够取得成功，除自身努力之外，还需要戴尔、惠普公司的“配合”。

戴尔公司被称为“是一家没有文化的公司，除了销售额，什么都没有。”为了销售业绩，甚至不择手段，于是出现了“邮件门”事件（戴尔公司一员工在邮件中试图阻止客户购买联想电脑）。

其行为经媒体曝光后在全球掀起轩然大波，戴尔公司形象陡降，与之形成鲜明对照的是，联想集团公司被普遍认为是一家“有思想，有文化，有追求”的公司，代表着未来。“邮件门”事件之后不久，2006 年 8 月戴尔中国总裁兼亚太区副总裁麦大伟“投诚”联想，担任联想亚太地区总裁、联想集团高级副总裁，负责亚太地区包括销售、市场、运营以及服务与支持在内的所有面向消费者的业务，麦大伟等人成为联想海外战略新一轮的发动机；短短两周，戴尔公司又有 4 名亚太高管同样选择了“倒戈”。

联想集团公司趁机在戴尔公司后院美国市场全面发力，戴尔一连串的震荡，不用怀疑，一定会相对提升联想在海外市场的能力，为联想的进攻带来胜利的机会。

这些年，惠普也非常“配合”，不断地在“帮”联想的忙。惠普从卡莉·菲奥莉娜时代就没有破案的“泄密”内耗事件，延续到了邓恩这里终于演变成“电话门”丑闻。邓恩在接替前 CEO 的卡莉·菲奥莉娜上任后，聘请私人侦探非法获取董事及记者的电话记录，以追查公司反复出现的高层会议泄密事件。泄密“主犯”查出来了，但是，长着满头金发的 60 岁的邓恩也付出了惨痛的代价，由于采用的是非法调查手段，这位惠普全球董事长则不得不以离职了结他一手导演的“电话门”事件。“电话门”使惠普董事会近年不断的内斗曝光于大众，令这家企业面临着数十年来最严峻的信任危机。

而在戴尔公司、惠普公司麻烦不断的时候，联想集团公司却向全球大举进军，在其后不久的 2007 年 9 月 30 日，联想宣告并购 IBMPC 成功，成为全球第三大 PC 公司。

一个人无论多么优秀，总有不足的地方，一个企业无论多么强大，同样会有自身的短处存在。这就像大象的鼻孔，小老鼠不用自卑，只要找到大象的鼻孔钻进去，老鼠就能战胜大象。因此，企业在经营过程中应在关注自己的同时更加关注自己的对手，当他们出现差错或者发现他们弱点的时候，你的机会就来了。

采取跟随战略壮大企业实力

跟大企业对着干是不明智的，应该承认大企业的地位，跟随大企业，这样能给自己带来较大的利益。

实力相对较弱的企业，经常采取“跟随战略”，选择一个跟随对象，然后在产品、定价、甚至包装等方面模仿领先企业，这是弱势企业避免被领先企业甩开的好战略。跟随大品牌或市场拓荒者，搭上顺风车，不费多大气力就可分上一杯羹，这种市场跟随是明智的。

蒙牛乳业集团（以下简称“蒙牛”）就是应用跟进战略迅速发展的典型案例。1999年初，蒙牛刚成立力量非常弱小，资金只有一千多万元，蒙牛采取跟随战略迅速缩短了与伊利实业集团股份有限公司（以下简称“伊利”）的差距。

首先，为了表示自己的低姿态，以减少冲突和避免不必要的麻烦，同时也是为了保护自己，蒙牛总裁牛根生制定了三个“凡是”政策：第一，凡是伊利等大企业有奶站的地方蒙牛不设奶站；第二，凡是非奶站的牛奶，蒙牛不收；第三，凡是跟伊利收购标准、价格不一致的事，蒙牛不干。这些措施把蒙牛和伊利的利益区域隔开，从而避免了直接冲突。

蒙牛的聪明之处是把被动的跟随转化为了主动的跟随。在2000年前后，蒙牛提出了“创内蒙古乳业第二品牌”的创意。当时内蒙古乳品市场的第一品牌是伊利，蒙牛还名不见经传，连前五名也不是，但蒙牛把标杆定为伊利，使消费者通过伊利知道了蒙牛，而且留下的印象是：蒙牛似乎也很大。

既要心动更要行动，蒙牛首先把这个创意用在户外广告上，地点选在呼和浩特市。2000 年，蒙牛用 300 万元的低价格买下了当时在呼和浩特市还很少有人重视的户外广告牌。一夜之间，呼和浩特市区道路两旁冒出一排排的红色路牌广告，上面写着："蒙牛乳业，创内蒙古乳业第二品牌"，"向伊利学习，为民族工业争气，争创内蒙古乳业第二品牌!"这让很多人记住了蒙牛，记住了蒙牛是内蒙古乳业的第二品牌。这种策略让蒙牛成功地造了"势"，出了"名"，还在一定程度上降低了伊利的"敌意"。

在蒙牛成长到一定程度后，蒙牛及时修正了跟随战略，开始以平等地位和伊利并驾齐驱，并开始放眼全国，提出了"中国乳都"的宣传口号，而且在很长时间内使用。从 2000 年 9 月至 2001 年 12 月，蒙牛推出了公益广告——"为内蒙古喝彩·中国乳都"。在所投放的 300 多幅灯箱广告中，首次推出"我们共同的品牌——中国乳都·呼和浩特"。

在起步初期，蒙牛以跟随战略迅速缩短了与伊利的差距，在 2004 年以后，又逐步开始超越。2005 年初，蒙牛斥资 3 亿元、日产量为 100 吨的通州乳品工厂落成，它是亚洲第一大规模的酸奶研发生产基地，为自己的赶超战略奠定了基础。2005 年，蒙牛又成功赞助国内最具活力的湖南卫视娱乐频道"超级女声"，使其在乳品行业独领风骚。2005 年上半年，蒙牛酸酸乳在全国的销售额比 2004 年同期增长了 2.7 倍，很多销售终端出现了供不应求的现象。

从回避与伊利的冲突到亦步亦趋地跟随伊利，蒙牛在创业之后的几年内，很好地采取了跟随战略，从而快速塑造了自己的品牌，同时避免了强大竞争对手的打压。然后，当自己具备一定实力之后，又及时改变了跟随战略，在产品结构方面蒙牛开始有所侧重，与伊利有所区别，从而在某些方面超过了伊利。

蒙牛的成功告诉了我们，实施竞争型跟随战略应当具备的条件。

行业要有一定的成熟度，要有可以跟随的“目标”。跟随首先要找好标杆，也就是跟随的对象，知道了模仿和学习的对象在哪里，才能学习到成功的经验。另外，物以类聚人以群分，以行业领袖作为跟随对象，还可以大幅度提升自己的品牌和企业形象。

产品具备形成差异化的条件。由于领导者产品具有先入优势以及消费者的认知度高，如果跟随者的产品没有自己的特色，最后只能被掩盖在领导者产品的阴影里面，因此，确立自己的核心卖点，在跟随强者的同时，打出自己的特色和优势是十分重要的。

对市场和消费者进行细分和重组。竞争型跟随不是简单的跟随，完全正面地和行业领导者发生冲突是不明智的，虽然很多竞争型跟随者最后可能发展成为挑战者，但在刚开始的阶段，最好的办法还是继续在差异化上做足文章。

企业具有充当跟随者的实力。在实力为王的今天，赢者都打着实力的标签，竞争型跟随者必须确定自己有足够的实力，一方面甩开背后的跟随者，一方面紧跟前方的领导者，保证自己不会被赶上，也不会被落下。

在做好挑战领导者的资源之前要掩饰战略意图。过早暴露竞争意图，容易引起领导者的“警觉”，而这时双方的实力差距甚大，领导者的反击对于跟随者可能是致命的，所以说，竞争型跟随要做好掩饰工作，以免落个“出师未捷身先死”的下场。

找准机会实现以跟随为主向竞争为主的转换。当企业把挑战作为终极战略目标的时候，从竞争型跟随者变为挑战者，需要找准时机。一般来说，任何行业的领导企业都有弱点，但不是所有的弱点都是可以进攻的，只有可以实现先驱者与跟随者之间资源和竞争实力转换的弱点，才是可以进攻的弱点。

跟随是要讲策略的，要学会超越，不能超越的跟随迟早会遇到发展的瓶颈，跟随者要善于把握时机，最终实现自身产品的独特价值，为超越被跟随对象创造可能。

企业一定要懂得利用跟随战略，实施跟随战略的目的是改变企业能力弱小的现状，逐步占据领先者的势力范围，最终成为行业的领导者。

摸清对手意图采取应对措施

价格一直是产品市场竞争的一个重要因素。同样的产品，人们会挑选那些价格便宜的购买，在贫困或者经济欠发达地区，为了暂时能用，人们宁可购买那些科技含量不高、质量相对差一些的产品。企业无法鄙视消费者的这种“贪图便宜不计后果”的行为，因为人都渴望选择物美价廉的产品。

当一种产业或技术发展到成熟期时，技术进步与市场竞争必然导致技术向更高水平发展，而消费者未必会愿意为此付出更高的价格。于是，大量的低收入消费者被迅速进步的技术和高附加值的产品抛在后边。这时，很多企业可以选择低端攻击策略，往往能收到奇效。于是市场上就会出现技术含量低的产品大为畅销，而技术含量高的产品却滞销的“反常”现象。

其实早些年，我国很多手机厂商就是采用了这一战略才有力地抑制了国外厂商的凌厉攻势，为自己赢得了战略空间和时间。1999年前后，我国手机市场还为外国品牌所垄断，国内厂家投产手机一时还被人当作笑谈。这时国内手机厂商采取了低价位配合时尚的外观设计，在短短两三年时间内就迅速抢占了一半以上的市场。对于低价竞争，占有技术优势一方在被攻击之初，认为对手不可能对自己构成威胁而不予理睬，其结果是市场占有率迅速下滑，这个时候才意识到后果的严重性。

价格竞争在市场竞争中不可避免，价格竞争是一种最直接、最见效的市场竞争手段。因此，当出现价格竞争时不可消极地抵抗，而要采取积极的应对措施。那么，应采取哪些应对措施呢?

首先，要分析竞争对手的降价意图。深入分析竞争对手的降价意图是为了提高价格竞争力，还是有目的发动价格攻势以图抢占市场。如果是前者，即使不能降价也得想法让成本降下来，否则，就有市场份额下滑的危险。价格是企业竞争力的综合反映，价格优势会让对方游刃有余地采取各种策略。如果是后者，考虑到客户的争取与流失，只要企业资源允许就可以应对价格战，同时必须使竞争对手了解到本企业应对价格竞争的决心，让其感到如此结果只能是两败俱伤时，逼其提前结束降价策略。

其次，要采取必要的价格竞争措施。在了解竞争对手的降价意图之后，要对客户、竞争对手、自己公司之间作出综合分析，以决定该采取何种竞争策略。

我们可以采取不在价格上做任何反应，而选择其他一些非价格手段。比如，不同的价格应当反映在不同的业务组合上，套餐销售，商品组合等，则很容易使竞争对手的降价手段失效。

假如我们定位于高价值产品，而竞争对手只是中端产品，则竞争对手的降价策略可能收效甚微，则不需要降价；如果流失客户严重，可以推出新的中端产品与竞争对手抗衡，也可以采取一些变相的降价手段，比如适时推出一些促销策略。

总之，面对价格战，决不能盲目降价，也不能坐视不管。在质量、服务和价格等方面进行综合规划，在此基础上推出全新的营销策略，才能达到有针对性的竞争效果。

第四章 尊重对手互利共赢

正确理解竞争的正面作用

有这样一则故事。

据说，一片森林中的猎人们，因嫌狼群把梅花鹿捕食得太多，就联手将狼群驱逐出了森林，从此梅花鹿安然无忧了，种群数量发展迅猛。猎人们心中高兴：看来，要发展梅花鹿群，就必须赶走狼群。然而时隔不久，猎人们在把猎捕到的梅花鹿产品进行交易时发现：无论鹿茸、鹿血、鹿鞭、鹿筋的质量，都大大地不如以前的了。究其原因，是狼群被赶走后梅花鹿没有了生存竞争之忧，就养尊处优起来，运动量小了，体态肥胖了，所以梅花鹿产品质量就劣化了。猎人们无奈，只好将狼群重新引入森林。果然，狼和鹿之间的生存竞争重新开始，梅花鹿的产品质量又提高了。

自然界动物王国里生存竞争的最大结果是促使种群质量的提高。而在商场，不断竞争的结果能促使产品质量的提高和企业的发展壮大。

在市场中，同类产品出现得越多，人们对产品的挑剔就越苛刻，激烈的企业竞争也就由此开始了。人们的需求是有限的，需要了你的商品，就不一定再需要他的。这种市场趋势逼着企业将自己的产品生产得更好，质量更精，形状更好，使用更方便、更耐用，然后，再配以推荐宣传、现场演示、售后服务、降低价格等一系列措施，以吸引更多的消费者关注自己的产品，购买自己的产品。如此这般，竞争的形势便越来越复杂，越来越激烈了，于是，具有强大生命力的企业在竞争中诞生了。

由于竞争形势严峻，企业的产品就必须越做越好，只有制造出好的产品，才能获得更大的市场份额。市场份额越大，就越刺激企业不断扩大生产规模，不断提高产品质量，不断提高科技含量。如此以来，企业也就在竞争中越来越强大。

一个能够制造出大量好产品的企业，获得的利润就会越来越丰厚，走向良性发展的道路就会越来越宽广。而那些无力在市场上和同类产品竞争的企业，市场会越来越小，发展的道路就会越来越窄。

这就是竞争决定着企业的生存的道理，这就是竞争使企业优胜劣汰的根本原因。

企业竞争是企业之间综合力量的较量，在市场经济条件下，企业生存的手段是竞争，企业发展的动力是竞争，市场经济的活力也是竞争。

德国国土面积还没有我国的内蒙古自治区的面积大，但是德国却有五家闻名世界的汽车制造业。它们的存在是竞争的结果，它们的发展也是竞争的结果。

记者在采访奔驰汽车公司（以下简称“奔驰”）老总时问道：“奔驰”为何能飞速发展，风靡世界？“奔驰”的老总意味深长地说：因为“宝马”（宝马汽车公司）把我们追得太紧了！

这不由得使人们想到了田径竞技场上争先恐后的激烈竞争的场面。

后来，记者又转过头来以同一个问题采访“宝马”的老总为什么紧追不舍呢？“宝马”的老总却说：因为“奔驰”在前面跑得太快了！这回答又不得不使人们联想到非洲草原上猎豹与斑马的奔跑场景。

企业竞争的战场是市场，企业竞争的表现是产品。许多企业提出的“向管理要效益、以质量求生存、靠竞争谋发展”的口号是十分精辟的，也是经验之谈。

现代市场经济的发展与繁荣，企业的生存与发展，都离不开竞争这一巨大的推动力。对一个企业而言，竞争不仅是企业发展的一种内在推动力，而且还是一种外在的压力。

那么，竞争对于企业发展的推进作用，主要表现在哪些方面呢？

第一，竞争是企业在市场中求生存谋发展的强劲推动力。“适者生存，优胜劣汰”的竞争法则，迫使企业不断提高自身的竞争能力。在竞争日趋激烈的今天，企业之间的竞争已发展为全方位竞争，企业要在竞争中求生存谋发展，就必须采取正确的竞争谋略，以构建和保持企业的竞争优势，全面提高企业的竞争力。

在市场经济条件下，“适者生存，优胜劣汰”也是企业界的生存规律——顺应市场经济规律的则发展壮大；违背市场经济规律的则由强到弱，最终灭亡。

第二，竞争能有效促进企业经营资源的优化配置。企业要保持和强化其已有的竞争优势，要不断提高其市场竞争力，就必须在充分分析和了解竞争环境和竞争对手的基础上，优化组合企业的人力、物力、财力、信息等经营资源，以此来寻求最佳的经济效益，从而实现企业的组织结构、企业效能的优化。

第三，竞争是企业创新的一种强大的推动力。竞争的本质就是超越对方，企业要在激烈的竞争中摆脱失败和被淘汰的可能，就必须具有区别于竞争对手和超越竞争对手的创新能力，而这种创新，可以体现在企业的组织、管理、产品、技术、营销等多个方面。创新作为企业竞争的优势，是企业在竞争中获胜的一种根本途径。

第四，竞争为企业家的成长提供了机会。在竞争激烈的市场经济模式下，企业作为一个独立的商品生产者与经营者，其管理者就成为企业沉浮的主宰者。著名的经济学家韦伯斯特将企业家定义为“经济冒险事业的组织者，是组织、拥有、管理并承担所有风险的人”。在现实中，面对激烈的竞争，作为一个企业家必须要用正确的竞争观念来做指导，这就要有勇于竞争的胆识和魄力，要领导企业在竞争中避开一些不利于企业发展的因素，以此充分发挥出自身的优势，从而赢得竞争并在竞争中走向成功。

竞争激励创新竞争促进成长

现代社会在市场经济条件下各个领域方方面面都充满着竞争，作为企业，只有正视竞争，领悟竞争并随时准备竞争，才能立于不败之地。

有位成功人士在总结自己的亲身体验时说过：“没有竞争就不可能形成紧张、激烈的状态，就不利于激励精神、提高技能和效率”。同样道理，生产缺少竞争，产品质量就无法保证；人才缺乏竞争，人才质量就势必降低。

竞争对企业而言是一件好事，不但要欢迎竞争，而且要敢于竞争，做竞争市场上的佼佼者。因为竞争是成功的必经之路，同对手展开竞争有助于增强自身的毅力、提高自身的水平。竞争自然会带来压力，其实任何事情的发展都不会是一帆风顺的，要求当事者要具有百折不挠的竞争精神，正视困难正视竞争，不畏惧不逃避。请看下面故事。

20世纪初，美国年轻的推销员金·吉列发明了安全剃须刀，投放市场后十分热销。由此他创办了金·吉列剃须刀公司。当吉列在市场上大红大紫时，盖斯门公司没有像其他竞争者那样，一心想抢在金·吉列公司的前头，而是不动声色地尾随其后，秘密地进行大量而周密的市场调查，收集金·吉列剃须刀的弱点。17年后，盖斯门公司推出一种两面使用、锋利安全的刀片，它既能安在盖斯门公司生产的刀架上使用，又能安在金·吉列剃须刀公司的刀架上使用。这种刀片进入市场后，很受顾客欢迎。而金·吉列的老用户，也纷纷改用盖斯门产品。

金·吉列剃须刀公司当然不会善罢甘休，很快开发出新的双面刀片。这时候，盖斯门公司的决策者们巧妙地避开正面的刀片之战，而在刀架上狠下工夫。不久，该公司又推出一种既能使用盖斯门公司的刀片，又能使用金·吉列公司新推出刀片的新式刀架。

面对盖斯门公司咄咄逼人的架势，金·吉列公司凭着自己财大气粗的实力，干脆将原来剃须刀的设计全部推翻，重新设计，研制出一种刀架通用、刀片双面的剃须刀，企图压垮盖斯门这个后生，谁知盖斯门又研制出刀架重量轻、双面不锈钢片的剃须刀。盖斯门公司三发重重的闷炮，发发打中金·吉列公司的要害，在10多年的较量中，金·吉列剃须刀的全球市场占有率从初期的90%下降到不足25%，而75%的市场则被以盖斯门为代表的后来居上者瓜分。

市场竞争是残酷的，在你看中了别人手里的面包的时候，你碗里的米饭极有可能已经成为另外人看中的目标。但竞争并不仅仅意味着困难和艰辛，它更是机遇和动力的源泉，对企业的成长和发展壮大有着非同一般的意义。

在没有竞争对手的行业里，企业能得到长足的发展吗？答案是否定的。因为在某个商品细分市场，如果缺少或没有竞争对手，便极可能意味着消费市场缺乏现实的需求。正如自然界中的生态平衡所显现的任何生物都有它的天敌一样，市场竞争中的企业也总是成双成对地出现。麦当劳与肯德基，百事可乐与可口可乐……正是相互竞争的格局，才使得竞争的双方都有了快速的发展。

在第二次世界大战前，可口可乐主宰着美国的软饮料行业，百事可乐要想得到顾客的承认，真是希望渺茫。百事可乐的味道比可口可乐略逊一筹，它的主要销售方针是薄利多销，所以，给人们留下的印象是：这是一种二流软饮料。一直到20世纪40年代末，百事可乐的销售都是委靡不振的。

但是，到1988年百事可乐公司已荣登全美10大顶尖企业榜上第七名，成为独霸百年的可口可乐公司的最强劲的竞争者，百事可乐是如何赶上可口可乐的呢？

原来，在商界名流斯蒂尔任百事可乐公司总经理期间，他带领百事可乐公司员工进行了多方位的变革。他们策划了一个大型的与可口可乐公司竞争的计划，计划主要分为两个阶段。

第一阶段从1950年到1955年。采取了下列措施：一是改进百事可乐的风味；二是重新设计并且统一瓶子和商标；三是重新设计广告攻势，改变百事可乐的形象；四是集中力量占领可口可乐忽视的“外卖市场”；五是挑选25个城市作为特别推销重点，以期提高市场占有率。到了1955年，百事可乐公司克服了自身的主要弱点，销售额显著上升。

第二阶段从1955年到1960年。百事可乐采取了下列措施：一是直接攻击可口可乐的“只供店内喝”的市场，特别是攻击迅速发展的售货机和冷冻饮料细分市场。二是引进新规格的瓶装饮料，这为“外卖市场”和“冷冻饮料市场”的顾客都提供了方便。三是百事可乐公司对那些愿意购买并且安装百事可乐自动售货机的销售商给以资金援助。

百事可乐公司从1955年到1960年采取了这些措施，使其销售额大幅度增长，不到10年，百事可乐公司的销售额增长了4倍。

到1985年，可口可乐公司为迎接其诞生100周年，突然宣布改变沿用了99年的配方，采取刚刚研制的新配方，这一举动引起了消费者的抗议。抓住消费者的抵抗情绪，百事可乐公司借机广为宣传，运用各种营销手段奋起直追，销售量很快就赶上甚至超过了可口可乐公司。虽然可口可乐公司及时地恢复了老配方，但此时的百事可乐公司已经抓住时机壮大了自己。

企业要学会对行业里的竞争对手感恩，因为越是强大的对手越能促进你的进步，就像麦当劳和肯德基，可口可乐和百事可乐一样，正是因为强大对手的存在，在毫不松懈的追求中，企业和对手一起培育消费市场，一起创新，一起发展。

在“感谢对手”观念的指导下，有些企业在选择市场领域时“自寻挤兑”，主动进入一个有较多竞争对手的市场。在这样的市场里，消费市场的需求相对现实和巨大，一个有进取心的、善于将压力转化为动力的以及会使巧劲的企业，极可能因为竞争对手的压迫和挤兑，而获得较大的成功。

一个企业成长最快的时期是与竞争对手针锋相对而且又是决定胜负的时期，因为在这种最关键时期，他们发现了自己的优势、劣势和问题在哪里，并进行了改进和完善。然后通过以比自己更好的公司为竞争的标杆，了解他们的方法、策略和经验，以他们为学习的榜样，不断地用他们的好方法来革新自己，提高自己，建立自己的竞争优势，实现自己的奋斗目标。

对手带给他们更多的不是障碍而是帮助。从某种意义上说，商场中任何一块蛋糕的出炉，都是在竞争对手的联合打造下出来的，没有任何一家企业的利益是单独创造的。事实上，如果一个企业的领导者比较明智的话，他应该看到，对于产业而言使其产生危机感的，不是目睹对手的日益强盛，而是目睹对手的日益衰落，因为对手的盛衰在很大程度上标志着一个产业的兴衰。

强大的竞争对手可以让企业快速成长、快速振兴、快速地走向成功。优秀的管理者一定要明白，竞争对手不是企业的敌人而是企业前进的推动者。

善待竞争对手就是善待自己

在市场竞争日益激烈的今天，商家要想实现“生意兴隆通四海，财源茂盛达三江”的美好愿望，不仅要善待顾客，更要善待对手。只有将对手变成伙伴经营环境才能改善，企业才能处于有序而有利的良性竞争状态。

对于市场竞争要有正确的认识，“商场如战场”的提法有其积极的意义，优胜劣汰，适者生存是市场经济的规律。但这种提法不很准确，在商场上并非只是你死我活的争斗，企业参与竞争的目的是为自己争取到更多的“养分”和更广阔的发展空间，并非只有“消灭”对手才是促进自身发展的唯一途径。在特定情况下，承认对手的存在并善待对手，往往同样能够促进自身的发展。

例如，“神州热水器”和“万家乐热水器”是旗鼓相当的两家大型专业热水器生产厂家。二者利益可谓息息相关，但这两家企业在各自施展才能开展公平竞争的同时，还保持着良好的合作态势，这一点从它们各自的广告语中便可见端倪。“神州”的广告语为“款款神州，万家追求”，而“万家乐”的广告语为“万家乐崛起于神州”。它们各自的广告语中都包含了对方的产品品牌，这样无论其中哪一家做广告，双方都能扬名获利。在他们的共同努力下，两种热水器迅速走进千家万户，为两家企业带来丰厚利润。

而许多企业对于竞争对手的理解有所偏差，以至于发展速度受到明显的限制。众所周知，在家电市场，“长虹”与“海尔”，一个是黑色家电的霸主，一个是白色家电的巨头。论实力，“长虹”一度高于“海尔”，然而近几年“海尔”驰骋海内外，“长虹”却一直业绩不佳，诸事缠身。

1989年，倪润锋就率领长虹打了一场彩电价格战，降低幅度为600元，使长虹的市场占有率扩大到8%，其利润总额也随之提高。

随后他又在1996年发动了第二次价格战，降价幅度为700～800元，使长虹的市场占有率达到了35%，成了名副其实的彩电第一品牌。

价格战已成为倪润锋的杀手锏。他试图以规模和价格为武器，一举击垮对手，在市场上一统江湖，而现实也成就了他的美梦，经过多次价格战，倪润锋成功击退了海外巨头，也使中国数百家彩电企业十存其一。

但在后来，倪润锋赖以成名的武器却屡屡失手。在接下来的价格战中，长虹只见价格降，不见销量增，利润几乎消失殆尽，企业逐渐陷于危机之中。

面对国内彩电市场日趋饱和的严峻形势，倪润锋又在1998年精心策划了彩管囤积之战。他拿出10个亿，控制了200万只21英寸彩色显像管（以下简称“色管”），意在从生产链的上游掐住对手的喉咙，绞杀所有对手，并希望以此抑制彩电的产量，从而平衡市场供求。

但事与愿违，长虹对彩管的垄断从三个方面被打破：外经贸部引进彩管、地方彩管厂偷偷卖出囤积的彩管以及纯平彩电的推出。

经此一役，长虹元气大伤，直接导致了1998年和1999年的业绩下滑，更加迅速地走向衰败。而倪润锋本人也因此次失利，不得不在2000年退隐“江湖”。

从长虹的事例中，我们不难看出，他们在竞争中总是想置对手于死地，其结果对手没死，反倒使自己不断地走向了衰败。事实上，倪润锋对于竞争对手的理解是十分错误的。他认为：“市场竞争是一块摆好的蛋糕，你吃了我就没得吃，竞争便是你死我活。”

在很多企业看来，自己要赚钱就只有将对手“置之死地而后快”。由此产生了一种不良现象：在原料不足时，就掀起“原料大战”；在市场疲软时，就掀起“销售大战”。一些地方老板也推波助澜，直接或间接地参与到这些“大战”中，使公司间的竞争发展为地区间的竞争。结果地方保护的城墙筑起来了，统一的市场被分割了，力量相互抵消了，各自的发展都受到了限制。

在面对竞争对手时，优秀的管理者要做到以下几点。

一、不可进行恶性竞争

有些企业管理者为了一己之利，总想击败竞争对手，往往采取互相比拼、互相拆台的手段。这样一来，竞争对手也会针锋相对，采取更加疯狂的行为予以回击，结果是两败俱伤，甚至两家企业同归于尽。恶性竞争是企业管理者不懂市场规则引起的，是由于贪心过大、想吃独食、想搞垄断引起的，然而市场不是任何一个人、一个企业可以做完的、独占的。

二、通过合作实现互利共赢

通过合作实现互利共赢是一种智者所为，是一种友善表示，是一种最好的竞争方式。只有这样，大家才能够一起发展，才可以得到自己想要的，才能使每个人都皆大欢喜。然而，由于利益分配往往会出现纠纷，致使合作很难长久，这是企业竞争的一大致命伤。

三、合理定位实现“无争”

企业对自己的产品合理定位，这样就不会与同类产品发生冲突，有了产品差异就能做到“无争”。因此，针对具体的客户群，开发不同的产品，就能避开恶性竞争。

要懂得把对手当成自己的伙伴，善待对手，在竞争中寻求合作，实现互利双赢。

坚持公平合理的竞争原则

什么是公平竞争？公平竞争就是指正当的竞争，是在遵循市场竞争原则下的竞争。也就是在市场交易中，遵循平等、公平、诚实信用的原则，遵守公认的商业道德。

何为平等？平等是指经营者在市场交易中的法律地位是平等的，都享有一定的权利，承担一定的义务。在市场交易中，不存在“大”和“小”之分，“上级”和“下级”之分，“服从”和“被服从”之分。所以，任何一方都不能凭借政治权力，滥用经济优势去限制或排挤他人的公平竞争。

何为公平？公平就是指经营者在市场交易中，要根据社会公认的公平观念进行竞争，彼此不吃亏，交易坚持同一个标准。

何为诚实信用？它是指经营者要在市场交易中保持一种善意、诚实、恪守信用的原则。双方要自觉地依照法律规定或合同约定进行交易活动，而不要采取欺诈手段侵犯对方的权利。

何为公认的商业道德？它是指在长期的市场交易活动中形成的一种被社会普遍承认和遵守的商业行为准则。在这些商业行为准则当中，有些已经形成了商业的惯例，被法律所认可，以形成法律的规范；有些虽然没有被法律所认可，但已经形成了交易双方共同遵守的规则，在交易中，双方都应该遵守。

因此，商场交易中的经营者，只有遵守自愿、平等、公平、诚实信用、遵守商业道德的原则，才是公平、正当的竞争。

现在，市场经济发展的一个重要问题就是竞争。现代市场经济的繁荣与发展以及科学技术的突飞猛进，大大加剧了企业竞争的广度与深度，导致了企业竞争的日益激烈，作为一种有效的资源配置机制，竞争已经成为一个从宏观到微观的发展过程，其在深刻地影响着企业的经营效率与效益，并影响着企业的生存与发展。

在激烈的企业竞争中，当市场发展到一定阶段之后，在产品、技术、资源趋向同质化的背景下，创新越来越难，大幅度领先和超越竞争对手的机会越来越小。在这种同质竞争下，一些不太和谐的竞争方式悄然兴起，恶性竞争大行其道。

那么，恶性竞争会带来什么样的后果呢？

一是对产业的发展产生负面影响。任何一个产业发展，都需要有一群健康的企业，而不是一枝独秀。市场竞争发展到一定阶段，行业中的规模企业应该引领行业的发展，追求市场的相对平衡。形成与竞争对手、客户的共赢，共同维护好一个健康的市场，让市场有序良性发展，在把蛋糕做大的基础上进行分食。一些恶性事件的发生，不但对行业中部分企业的经营造成了影响，也对行业的发展造成了影响。

二是多输局面成为必然。俗话说：杀敌三千，自损八百。在恶性竞争、互相攻击诽谤之下，不可能有真正的赢家。表面上看，恶劣的策划效应或口水攻击能在短期内帮助某些企业获得一定的收益，但任何事物都是有阴有阳、有来有往，互相攻击的结果必然造成消费者的认识错位，对竞争企业双方均没有好处，消费者也会受到损害，从而形成多输局面。

三是企业核心能力难以提高，长期竞争优势难以形成。在恶性竞争的思想影响下，企业关注于外在借势，而忽视从自身角度提升核心能力。从企业之外寻找帮助，就难以提高自身的竞争能力；忽视自身竞争能力的提高，就难以形成长期竞争优势。因此，在行业产生新的竞争对手或消费市场发生结构性变化时，企业因缺乏应对长期竞争的优势积累而容易处于被动地位。

四是给企业带来更大的经营风险。我国《反不正当竞争法》第十四条明确规定："经营者不得捏造、散布虚伪事实，损害竞争对手的商业信誉、商品声誉"。因此，通过网络论坛、媒体公关、软文广告等种种手段所进行的恶意攻击，本身就已触犯刑律。在目前网络法律法规管理相对薄弱的情况下，法律追究还不及时，但在现代商业伦理的语境下，企业的品牌竞争核心在于诚信和社会公正的基本价值观，如果违背了这一基本价值观，企业的品牌已经大打折扣，如果再涉及法律风险，更是雪上加霜。

企业要自觉坚持公平竞争的原则，不要进行恶性竞争，应把注意力放到提高自身的实力上。

企业之间要结成战略联盟

战略联盟是指一个企业为了实现自己的战略目标，与其他企业在利益共享的基础上形成的一种优势互补、分工协作、非股权的松散式网络化联合，是企业在追求长期竞争优势过程中为达到阶段性目标而与其他企业结合，交换互补性资源，以利于形成合力优势，共同对付强大的竞争松散式组织形式。

战略联盟是现代企业竞争的产物，在竞争日益激烈的今天，企业和产品的竞争力，需要有强大的研发能力、生产装备、工艺、管理、成本控制、品质保证、品牌创立和庞大的销售网络等众多因素作保证，这不仅需要企业有雄厚的资金实力作后盾，还需要大量人力、物力的投入，这些对于一般企业而言很难做到，一些企业为增强竞争实力，纷纷走上超大型、集团化发展的道路，组建企业集团，以规模优势取胜。但随着竞争的发展要求企业具有快速反应能力，此时企业集团的弊端也初露端倪，企业功能的大而全将提高固定成本及操作成本，伴随规模的扩大，企业的反应能力会逐渐迟钝，这将给企业集团以致命打击。因此，以快捷、动态为主要特征的松散型战略联盟取代以规模为主的紧密型实体联合，已成为企业发展的内在要求。

战略联盟通常采取优势互补、虚拟灵活、使联盟内各成员风险共担、减少不必要的竞争等方法来提高联盟整体对联盟外企业的竞争力。因此，联盟所带来的合力优势要远远高于单个企业自身的优势。据统计，美国 25 家实行战略联盟企业的平均股东报酬率为 17.2%，比《财富》杂志 500 家大企业平均股东报酬率高出 5 个百分点。国际许多大企业十分重视这种合作型竞争方式，纷纷联盟。1997 年 7 月，美国 IBM、日本东芝和德国西门子为开发 256 兆位存储芯片，联合投资 19 亿美元，调动高科技专家 200 多名，建立研究联盟。康柏公司在中国推出“全面合作伙伴”计划，进行与政府有关部门、大型国有企业、代理商、独立软件开发商、系统集成商及重点客户的多种合作。微软公司总裁比尔·盖茨则声称，今后微软公司最重要的任务是在世界各地物色可能的合作伙伴，通过战略联盟的方式进入当地市场以共同发展。

战略联盟对我国企业在经济全球化中提高市场竞争力具有特别重要的现实意义，随着经济全球化进程的加快和我国对外开放程度的加深，外资大举进入中国市场，对国内企业将造成巨大的冲击。面对实力雄厚的国际大型跨国公司，国内企业很难单独与之抗衡。只有企业联合起来，结成战略联盟，形成合力优势，才能共同对付强大的国际竞争对手。

国内战略联盟做得相当成功的是TCL集团。TCL集团是国内最大的电话机生产商，1993年进入家电领域，以在通信业创下的品牌及营销网络与有生产优势的香港长城公司组成战略联盟，只用三年多时间就在中国彩电市场上异军突起，仅次于长虹和康佳居第三位，且发展前景看好。

战略联盟作为一种松散型的企业联合形式，联盟各方是以契约为联结纽带的，带有虚拟性特征。实行战略联盟的企业，可以选择和供应商、销售渠道、用户合作，也可以选择和政府有关部门、科研机构、高等院校合作，甚至和竞争对手合作；可以和一个企业合作，也可以同时和众多家企业合作，合作对象十分广泛。

战略联盟涉及企业整个价值生产过程，而且在价值链的各个环节都可以实现战略联盟，包括从企业的原料采购到批量生产，从市场销售到新市场开拓及售后服务、人员招聘和培训、新产品研制等，合作领域十分广阔。合作形式也多种多样，可以进行联合研究和开发，也可以进行共同生产，建立销售同盟或签订供应、购买或服务协定。

战略联盟具有虚拟和契约特征，在合作伙伴、合作项目、合作方式的选择方面灵活性较强，应变能力高。企业可以根据竞争环境的变化和自身的战略规划选择不同的合作伙伴，组建不同的战略联盟，也可以在合作项目完成后随时解散原有的联盟，寻求新的合作机会。战略联盟的高度灵活性及战略适应性增强了企业的竞争弹性。

决定了战略联盟将成为现代企业合作型竞争的主要形式，并将逐渐取代以实体联合为主的集团化竞争发展模式。

那么，战略联盟的方式主要有几种呢？

一是产品品牌联盟。即一个企业生产的产品，以另一个企业的品牌来销售。众所周知，品牌是一个企业的一项重要无形资产，它可以为企业带来远远超过其自身价值的超额价值。以可口可乐公司为例，其品牌价值已超过390亿美元。由品牌效应所形成的顾客对本企业产品的忠诚度，更是其他企业难以企及的，是企业一项稳定的竞争优势。但一个品牌特别是一个强大品牌的建立，企业所付出的代价也是巨大的，它需要投入大量的人力、物力、财力，从产品质量、市场营销、售后服务、外观包装、技术改进等方面做全方位的努力。因此，许多企业并不自己创立品牌，而是走品牌联盟的道路，借助联营企业或销售商已创立的品牌来推销自己的产品。

二是开发研究联盟。即集结联盟各方的资金、人才等资源进行联合技术创新方面的研究。很多企业都结成了技术联盟，两个或两个以上企业，为实现某一技术创新战略目标而建立的一种合作伙伴关系。例如，当某企业要开发一项高难度、高风险的新产品，并试图尽快将该产品推向市场时，与其他相关企业联合起来实行分工协作，风险共担，利益共享。

各自为战的技术开发不仅耗资巨大，且风险极大，研制周期也长，难以应付激烈的市场竞争。企业间结成技术联盟的现象已相当普遍。如在信息技术领域，为了增强占据信息高速公路技术方面的竞争力，美国英特尔公司、微软公司、通用仪器公司联合起来共同研制电视网与个人计算机网的终端设备。在汽车生产领域，日本丰田、铃木公司与美国通用汽车公司也结成了跨国技术联盟。技术联盟使一些企业的关系从竞争对手关系转变为既是对手又是伙伴的关系。事实证明，企业间结成技术联盟对提高企业竞争力和促进国家产业技术进步已起到巨大作用。

三是共同市场联盟。当市场壁垒森严，保护主义盛行时，外国企业很难单独闯入，这时企业往往采用与当地厂商合作的方式进入。德国大众公司与日本日产公司的产销合作计划，就是通过在日产公司制造德国大众公司的桑塔纳汽车在日本市场上销售的。丰田通过与通用汽车公司达成协议，在加州通用公司的制造工厂生产丰田汽车，从而跻身美国汽车市场。

四是销售联盟。当企业自身销售能力不足时，可以通过与其他企业联合销售或由其他企业代理销售的方式来共享已有的销售渠道资源。雷诺公司就曾与 AMC 达成协议，通过 AMC 的 1700 个经销商网络，在全美销售雷诺的汽车。英国格雷制药公司与美国同行拉罗奇达成联合行销协议，以弥补其在美国市场上行销能力的不足。

五是投资资本联盟。当投资目标成本和风险都很高时，单个企业往往难以独自承受，需要和众多企业结成资本联盟，以共同分摊成本和共同分担风险。空中客车工业公司就是由法、德、英、荷、西、意等国的飞机公司共同组成的，共同进行 A300 和 A310 型空中客车的经营。

战略联盟虽然是一种重要的竞争战略，却并非进行联盟的企业都能成功。战略联盟不是万能的，企业要实施战略联盟，必须慎重考虑，避免盲目结盟。

那么，企业要实施战略联盟应注意的事项是什么呢？

首先，要谨慎选择结盟对象。企业组建战略联盟的目的是为了优势互补。因此联盟内各成员企业必须拥有不可替代的资源优势，且联盟各成员企业的资源优势必须是互补性的，企业间还应该真诚合作，诚信为上。战略联盟是企业间的合作，合作需要以诚信为基础，无诚意、不讲信誉的企业，不应作为联盟对象。

其次，要加强联盟协议执行情况的监督和联盟内各成员企业间关系的协调。战略联盟由不同的企业组成，每个企业的经营理念、经营风险和企业价值观等等可能不相同，这有可能引起联盟各方的冲突，从而引起联盟各方在具体经营管理活动中的不一致，对此，联盟各方一方面要意识到这种差异，采取有效的措施进行沟通，加强理解，互相宽容和尊重，尽量求同存异，达成共识；另一方面，对固执己见、损害其他方利益的一方应严格按协议规定对其制裁，以维护联盟各方整体的利益。

再次，应认识到联盟是动态的而不是静止的，要有应对变化的策略。企业实施战略联盟往往是为了进行特定项目的合作和解决特定的问题。当项目完成或问题解决后，联盟的使命便不复存在，也就没有存在下去的必要。这时联盟各方会解散原有的战略联盟，寻找新的合作伙伴进行其他项目的联盟。因此，企业之间的战略联盟是动态的而非静止的。参与联盟的各方必须认识到这一点，在利用其他企业优势资源弥补自己的不足时，不能产生依附性，必须独立发展自己的核心战略，才不至于在联盟解散时招致大的损失。

在当前的市场条件下，企业一定要重视战略联盟的形式。

企业之间应合理竞争互利共赢

在商场中同一领域的不同企业，竞争的结果不应是两败俱伤，而应是互利共赢，合理竞争将促使双方都降低成本，提高质量，共同提高产品竞争力。

有这样一个故事。

以前，有一个国家每年都举行南瓜品种大赛，一个叫阿勇的农夫成绩异常出色，每年几乎不是第一就是第二。而且阿勇是乐善好施之人，每次得奖后，他都把辛辛苦苦培育的南瓜种子分给四邻。

他的这种举动感动了很多人，越来越多的人慕名而来。但阿勇却说，自己甘愿将这些种子送给乡邻。

原来，阿勇将南瓜品种给邻居们后，邻居们也种上了优质的南瓜品种。由于大家的地比邻相连，蜜蜂传播花粉时就可以将邻家优异的花粉传播到阿勇的南瓜花蕊上。阿勇说："你们想想，要是邻居家种的南瓜品种不好会给我的南瓜带来什么后果呢？"

在这个充满竞争的世界里，弱肉强食的惨剧时刻都在发生。尽管这样，企业也要考虑彼此间的内在联系，真心为人，善心待人，关键时刻"拉对手一把"，以实现互利双赢。

日本松下公司有一次不小心将一批次品"随身听"错误投放市场，尽管发现后公司立即采取行动收回，但一时间还是惹起了轩然大波，市场因松下撤货出现了大面积空缺。此时，与松下公司竞争最为激烈的索尼公司正如日中天，倘若此时索尼公司乘势投放自己的产品，挤垮松下公司简直易如反掌。许多人都这样期待着，就连松下公司也开始做着破产解体的准备。然而，索尼董事会出人意料地作出决定：索尼公司决不趁机抢占松下公司一丝一毫的市场，直到松下公司再次运转正常。很快，松下公司的新产品投放市场，转危为安，而索尼在给松下公司留下机会的同时也为自己赢得了声誉。索尼产品更为抢手，良好的企业口碑还使之成为国际市场可信赖的产品。松下公司与索尼公司新一轮的竞争又开始了……也许有人会认为，索尼公司太傻了，到手的机会拱手让人。可是如果再一想，这不就是所谓的"双赢"吗？索尼公司的一个决定不但挽救了对手，而且宣扬了自己。对手得以生存下来，自己也避免了因“垄断”而成为众矢之的，更赢得了比生存下来更宝贵的东西：声望和信誉。从索尼公司的决策者过人的智慧和远见，折射出了一种人生的哲学——双赢智慧。

其实，同行业竞争者并不像想象的那样，只会抢走企业的饭碗。如果协调好彼此的关系，竞争者其实可以共同繁荣，对于服务业尤其如此。全国知名的王府井商业街便是最好的佐证。在这里林立着大大小小数十家商场，彼此经营的项目几近相同，竞争之激烈可想而知。然而，各个商场都火爆地经营着，并不因为众多强劲竞争对手的存在而萧条。这样的例子还有很多很多，像北京夜市的小吃一条街，中关村的电脑一条街，还有各个城市都存在的服装一条街……同行业竞争者的高密度集中，并没有阻碍个体的自由发展。其原因就在于，同行业的良性竞争，促进了个体对自身产品、对顾客服务的积极改善。而且个体发展的累加便形成了整个行业的整体品牌形象的提升。就像王府井商业街那样，每个商场为了吸引客户，纷纷改善服务、引进名牌产品、推行优惠服务、降低价格。久而久之，王府井整体的竞争力因其内部的良性竞争而得到显著提升，王府井商业街作为一个整体对于消费者的优势吸引力也就显现出来了。顾客们正是为了“王府井”、“小吃一条街”、“服装一条街”这样的整体品牌形象而被吸引了过去。

一个企业想要立于不败之地，就要不断地自我发展，就要正视市场竞争，为竞争，为双赢而努力，同时也要为自己走向成功而争取与他人协手并进、互利双赢。

谋求双赢也仅仅是一种策略，企业的发展才是目的，但双赢策略本身是一种很高的智慧，它往往会使竞争双方最终获得与孤军奋战相比所不能拥有的东西。

第五章 找出差异推出品牌

在市场细分中找准消费对象

任何规模的企业，其消费对象不可能覆盖所有消费者，不可能满足全体消费者的需求。企业在市场中的定位，要通过市场细分，在细分市场中选择适合自身发展的目标市场，才能在竞争中处于有利的位置。

一般来说，消费者对一种产品的具体需求往往并不相同，甚至差异很大。一个企业要想在市场竞争中求得生存与发展，都应当，也只能满足全体消费者中某一类或某几类特定消费者的需要。

为哪一类消费者服务是企业的一种经营抉择，这种抉择就是选择目标市场。市场细分是企业选择目标市场的基础和前提，是企业市场营销过程中的重要环节。

所谓市场细分，就是经营者通过市场调研，依据消费者的需求与欲望、购买行为和购买习惯等方面明显的差异性，把某一产品的市场整体划分为若干个消费者群的市场分类过程。在这里，每一个消费者群就是一个细分市场，或者说每一个细分市场都是面对着特定的具有类似需求倾向的消费者群。例如，对手表的需求，有三类不同的消费群体：一部分消费者对手表要求能计时，价格低；一部分消费者要求手表计时准确、耐用，价格适中；还有一部分消费者则要求手表计时准确，质料名贵，把手表看成是财富和身价的象征。由此可见，分属不同的消费者对同一产品的需求与欲望存在着明显差别，而属同一细分市场的消费者，其需要与欲望则极为相似。

企业对细分市场的选择要根据自身的实际情况。企业的资源、技能、营销能力等因素影响各细分市场对某特定企业的吸引力，常常有一些细分市场比另一些细分市场对企业更为合适，企业要选准这些细分市场，确立自己在市场竞争中的相对地位。

在选择细分市场的时候，应当特别强调的是力求避免“多数谬误”。如果一个企业总要以最大的和最易进入的细分市场作为它全力以赴的目标市场，而竞争者们也遵循同一逻辑行事，这时就会出现“多数谬误”：大家共同争夺同一个顾客群。其结果会严重影响企业的经济效益，众败俱伤，会造成社会资源的无端耗费。此现象在市场上经常发生，曾出现过冰箱热、彩电热和空调热，动辄就是一下子引进上百条生产线，其结果是造成产品大量积压，不惜降价求售，甚至亏本销售。空调热主要指的是家用空调，而商用空调则相对平静。家用空调利润率低，但许多大型企业相继进入，如海尔、科龙、长虹等大型企业集团都身在其中，商用空调利润率高，但进入的企业并不多，因为其规模不大，就是因为家用空调市场规模大，增长率高，很多企业争相进入，造成了“多数谬误”。

美国市场学家麦卡锡把市场细分的程序分为七个步骤。

一是选定产品市场范围。产品市场范围应以顾客的需求而不是产品自身的特征来确定。例如，某一房地产公司打算在乡间建造一幢简朴的住宅，若只考虑产品特征，该公司可能认为这幢住宅的出租对象是低收入顾客，但从市场需求角度看，高收入者也可能是这幢住宅的潜在顾客。因为高收入者在城市住腻了高楼大厦之后，恰恰可能向往乡间的清静，从而也可能成为这种住宅的顾客。

二是列举潜在顾客的基本需求。比如，公司可以通过调查，了解潜在消费者对前述住宅的基本需求。这些需求可能包括：遮风避雨、安全、方便、宁静，又可能包括设计合理、室内陈设完备、工程质量好等等。

三是了解不同潜在用户的不同要求。对于列举出来的基本需求，不同顾客强调的侧重点可能会存在差异。比如，经济、安全、遮风避雨是所有顾客共同强调的，但有的用户可能特别重视生活的方便，另外一类用户则对环境的安静、内部装修等有很高的要求。通过这种差异比较，不同的顾客群体即可初步被识别出来。

四是抽掉潜在顾客的共同要求，而以特殊需求作为细分标准。购房的共同要求固然重要，但不能作为市场细分的基础。如遮风避雨、安全是每位用户的要求，就不能作为细分市场的标准，因而应该剔出。除此之外，重点考虑的应是以特殊需求作为细分标准。

五是区分不同的需求。根据潜在顾客基本需求上的差异方面，将其划分为不同的群体或子市场，并赋予子市场一定的名称。例如，西方房地产公司常把购房的顾客分为好动者、老成者、新婚者、度假者等多个子市场，并据此采用不同的营销策略。

六是进一步研究顾客特征。进一步分析每一细分市场需求与购买行为特点，并分析其原因，以便在此基础上决定是否可以对这些细分出来的市场进行合并，或作进一步细分。

七是准确估计每个细分群体容量和特征。估计每一细分市场的规模，即在调查基础上，估计每一细分市场的顾客数量、购买频率、平均每次的购买数量等，并对细分市场上产品竞争状况及发展趋势做出分析。

找准了消费者，正确进行产品定位，企业才能有的放矢，进行合理的生产销售。

实施集中性战略打开市场薄弱环节

集中性战略就是企业选择行业内一种或一组细分市场，动用企业全部资源，尽管企业并不拥有在整个市场上的竞争优势，但可以取得在这一细分市场上的优势。

集中性战略取决于细分市场间的差异，由于消费需求的多样化，如果同时服务于多个细分市场，企业就会面临不同档次市场之间协调成本的增加，且缺乏适应不同市场需求的灵活性，反而，通过针对一个或几个细分市场的集中性经营，既可以获得成本上的优势，也可以获得差异性经营的收益。

日本有一家市场占有率极小的机械制造公司，所提供的产品选择几乎跟在市场上拥有45%份额的领导性厂商一样繁多。这家小机械公司的产品几乎没有一项赚钱，问题不在每一项产品的设计上，而是因为所分摊的开发和分销成本太高。该公司的经营者如果不在政策上做些基本改变，从“大小通吃”改为集中性战略，这种情势就会变成恶性循环。这家公司后来削减产品项目，把力量集中到其他公司的涵盖率并不大的细分市场中，情况立即得到改善。

美国有一家经营非常成功的公司。其产品占全世界一半的市场，税前盈利是资产的50%（美国平均11%）。他们的产品是一种油井泵使用的吸棒。在油井施工过程中，常常会因为一根所值无几的钢棒断了，而现场又没有备用品而损失数千美金。该公司在油井现场摆着存货，并备有随时应客户召唤而起飞的直升机。他们记载客户耗用钢棒的情形，以及各种这一类的事情，使得客户在任何情况下都不会缺少钢棒。而大型钢铁公司却不可能这样做，他们的问题是如何销售数百吨的钢铁，他们眼中的产品单位量是吨，他们不会注意某一细分市场的特殊需要，也不会集中力量于某一细分市场。

如果一个企业能够在其细分市场上获得持久的成本领先或差异性地位，并且这一细分市场的产业结构很有吸引力，那么实施集中性战略的企业将会成为其产业中获取高于市场收益水平的佼佼者。

企业可以集中生产某一产品满足不同的消费者，这是产品专业化；也可以集中为某一消费群体提供不同类型的产品，这是市场专业化；还可以生产某一产品为某一消费群体服务，这是产品、市场集中化。无论采取何种策略都各有利弊。产品专业化的企业有低成本设计和生产的优势，有对产品的深入了解，但满足不同的消费者可能会增加营销费用，当某一消费群体有特殊要求时，企业就无法轻易地修改产品以适应不同需求。市场专业化的企业对某一消费群体有深入的了解，能提供系列产品为其服务而得到营销上的优势，但不同产品的设计、生产会增加成本。产品、市场集中化可以在某一狭小的细分市场赢得优势，但其灵活性就很差，当产品和市场发生变化时，受到的冲击最大。这里的问题是企业如何根据细分市场的情况，针对竞争对手的特点，结合自身的优势，采用集中性战略，并使所获得的竞争优势得以持久保持。

如果细分市场上无特殊要求，采用集中性战略的意义就不大。例如，美国皇冠公司集中经营可乐产品，而不像可口可乐和百事可乐公司那样，供应风味较广的软饮料系列。只供应可乐产品与供应系列产品相比并不产生优势。除了口味上的偏好外，消费者对可乐产品和其他风味饮料的需求及购买行为并没有很大差别。相反，提供宽系列产品可以从共享生产、分销和广告等活动中获得极大的利益。因此，皇冠公司的集中性战略没有带来任何竞争优势，反而造成其劣势。

另外，市场是动态的。随着时间的推移，如果某细分市场和其他细分市场间的差异减少，如果技术进步出现了新的替代产品，就会使原先采用集中性战略的企业丧失优势。因此，在选择集中力量服务的细分市场时要考虑动态因素。

总之，企业可以重新调整企业资源的分配，将有限的资源运用到关系竞争成败的关键领域中，以便加强企业在某些方面的实力，从而增加市场占有率和获利能力，使自己处于真正的优势地位。

巧妙实施差异性经营战略

企业应将自己的强项进行归类，从中找到自己的优势和劣势，同时，还要了解竞争对手的强项和弱项是什么，这样才能正确区别自己的产品，才能给客户提供有别于其他企业的产品和服务。

实施差异性战略要以顾客为中心，当一个企业能够为顾客提供一些产品独特的价格低廉的东西时，这个企业就具有了区别于其竞争厂商的差异性。宝洁公司的竞争优势为什么多年来能够持续保持呢？很多人想不明白，事实上，这种优势正来源于差异，差异之泉不枯竭，优势之源不枯竭。

差异性手段因行业不同而异。它可以建立在产品本身的基础上，也可以以产品销售的交货系统、营销做法及其范围更广泛的其他种种因素为基础，从采购、设计、工程，以至销售和服务，哪些环节产生差异性，哪些环节就可以成为实施差异性战略的基础。

构建以竞争者为基础的差异性战略，要有系统地找出与竞争者之间有差异的地方，特别是要找出自己的不足之处。很显然，不利于你的差异，会使你失去整个市场中的某一部分。企业一定要注意扬长避短，量力而行。例如，你因为产品没有系列化或款式陈旧而遗漏了某些顾客群，采取扩充产品的规格型号或更新设计的方式完全可以补救，但也许并不可行，因为这要看你的生产能力和工程技术力量，是否能够在不失去经济竞争力的原则下适应广泛的产品范围。有时在缺乏经济实力的情况下追求差异性，使有限的资源分散使用，不仅不会增强竞争力，反而会影响竞争能力。将资源集中使用于某一能发挥自身长处的方面，满足某一有特殊需要的一小群买方，则有可能取得良好的经济效益，在某一领域占有竞争对手难以动摇的竞争优势。

那么，在差异性经营中最容易犯的错误是什么呢？

一是无价值的差异性。一个企业在某些方面具有独特性并不意味着就具有经营的差异性。一般的独特性如果不能提高顾客所认同的价值，这种独特性就不可能形成经营差异性。例如，柯达公司的艾克复印机在最后整理文件部位增加了再循环文件的进纸器和一个在线自动夹，为用户减少了编排和装订文件的时间，提高了设备的使用效率，用户当然愿意为这种复印机支付更高的价格。又如，海尔冰箱厂向用户提供耗电低的电冰箱，为用户降低了使用费用，用户也愿意为这种冰箱支付更高的价格。

经营差异性只有能够给企业带来竞争优势，扩大市场占有率，带来更大的经济效益，才有价值。

新疆一个生产葡萄酒的企业老总深知自已的实力远远不能与张裕、王朝、长城等行业巨头相抗衡，但他通过市场调查发现，这几个行业巨头都没有涉及高价位的红酒领域。他心中一阵窃喜：这不是“人无我有”的突破点吗？在一阵紧锣密鼓的筹备之后，他们推出了高价位的红酒，但进入市场后，消费者根本就不买账。他没了解到，此价位的红酒完全是外国品牌的天下，贸然介入自然危机重重。

二是过分的差异性。追求差异性要掌握一定的尺度，过分的差异性可能会带来得不偿失的结果，不利于在竞争中取得优势的地位。

例如，产品质量或服务水平超过了用户的需要，那么这个公司相对于产品质量适当、价格便宜的竞争对手来说竞争地位就被削弱。例如，渗透到人们日常生活中的一次性方便筷，如果某厂刻意去追求高质量而提高生产成本，这对于参与一次性方便筷的市场竞争无疑是得不偿失的。

三是成本太高的差异性。企业采用差异性战略会增加投入，加大成本，价格的增加可以弥补差异性成本的支出，并获得更大的收益，但如果价格增加过多，便会影响顾客购买的欲望。如果一个企业不能把其成本保持在与竞争对手大体相近的水平，即使企业能够维持经营差异性，过高的商品价格就会丧失很多消费者。企业要以一种更为合理的价格方式与顾客共同分享一些价值，这样才能使差异性的优势得以持久保持。

企业要实施差异性的经营战略，但要把握好差异性的尺度。

企业的信誉来自产品的质量

“以质量求生存，以信誉求发展”已成为众多企业通用的口号。企业产品生产出来以后，能否在市场上立足，能否打开市场，这就要看产品的质量。你的产品要想经得住市场的考验，你的产品质量、售后服务都要高人一筹才行。只有这样，产品才能得到用户的认可，企业才有希望生存下去。

企业要在严酷的竞争环境中生存，就要勇于否定自己，勇于对劣质产品进行断然扼杀，许多知名企业为了确保自己的品牌竞争力，不惜对自己的劣质产品，断然销毁。

浙江南存辉的正泰集团就曾经为保证产品质量和企业信誉而自

惩了一次。

那年，正泰集团有一批货物要出口希腊。由于在运输过程中一只货箱破损，在重新装配时偶然发现有一件产品不合格。南存辉得知后毅然要求下属全部开箱检查。此时开船日期临近，如果不及时交付货物，企业将要付出巨额赔偿金。有人建议不要大动干戈，因为外商是老客户了，不会因为一件不合格的产品而要求退货。但是这个建议被南存辉断然拒绝。结果，所有的货物被全部开箱检查，重新确认合格后才封箱。为了不影响按时交货，这批货物由海运改为空运。企业为此多花运费 80 万元。此举，使南存辉的正泰集团的形象更加生辉！

“海尔”是中国企业的骄傲，也是世界家电业的明星。“海尔”之所以成为魅力四射的“海尔”，就是因为它不断地铸造自己的竞争能力。

张瑞敏任厂长后不久，在得知工厂生产的 76 台冰箱为劣质产品时，立刻召开全厂大会，力排众议，宣布将这些冰箱全部销毁。他率领职工用锤子亲手将这些产品砸坏了。

“毁劣”之后，张瑞敏对自己管理不严的责任进行了严肃追究，带头交纳了罚款。那时，对于中国一般消费者来说，冰箱还是不多见的奢侈品，是抢手货。在当时的“卖方市场”条件下，海尔冰箱即使质量上存在着某些缺陷，也不会卖不出去。然而，张瑞敏选择了将劣质产品销毁的做法。他的目的非常明确，即通过这种震撼人心的举动，把“质量是企业的生命”的意识牢牢植根于职工们的心底。事后，记者采访参加销毁劣质冰箱的职工的感受时，职工感慨地说：那砸在冰箱上的一锤又一锤，简直就是砸在自己的心上！那一刻随着锤声，多少职工的心头在流血。大家都牢牢地记住了这一教训。

企业所提供的无论是产品还是劳务，只要最初就被人冠以“信誉不好”或“质量太次”的评价，那么就很难会再有顾客上门了。有许多企业为了走入市场，都打出“入市减价”、“开业酬宾”、“答谢优惠”等旗号。但这些促销手段只能起到辅助的作用，企业如果不注重质量，早晚摆脱不了“关门”的命运。

市场跟踪调查表明，留住一名顾客所需的费用只是引进一名新顾客费用的24%；而一名对产品质量不满意的顾客通常不会再次重复购买该产品，并且他还要向别人抱怨8次左右。

最好的市场裁判就是消费者，一个普通消费者对商品的良好评价要比任何华丽措词都更有说服力，优良的产品质量所起到的作用将胜过任何表面形式的广告。

那么，企业要保证产品质量，需要在哪些方面下工夫呢？

一是全体人员的质量管理。产品质量是企业各方面、各部门、各环节全部工作的综合反映。在企业中任何一个环节、一个员工的工作质量都会在不同程度、直接或间接地影响着产品质量或服务质量。因此，必须充分调动全体人员的积极性和创造性，不断地提高整体素质，人人做好本职工作，积极参与质量管理。只有通过全体人员的共同努力，才能生产出令顾客满意的优质产品。

二是全过程的质量管理。全过程的质量管理就是从市场调研、产品的设计开发、生产，到销售、服务等过程的质量管理。任何产品和服务质量都有一个产生、形成和实现的过程，即质量环节。要把产品质量形成全过程的各个环节和有关因素控制起来，形成一个综合性的质量保障体系，做到以预防为主，防检结合，重在提高。

三是全企业的质量管理。它包含两个层面：（1）组织管理的层面；（2）质量职能的层面。前者是进行质量决策，制定企业的质量目标、质量方针、质量计划并统一组织、协调各部门、各环节、各类人员的质量管理活动。后者是将各部门的质量职能充分发挥出来，要求职工按标准、规程进行操作并相互支持、分工合作。实际上，全企业的质量管理就是以质量为中心，领导重视，组织落实、体系完善。

四是全方位的质量管理。随着科技的发展，顾客对产品质量和服务质量提出了越来越高的要求。影响产品质量和服务质量既有物的因素，又有人的因素；既有技术的因素，又有管理的因素；既有企业内部的因素，又有企业外部的因素。要把这一系列的因素系统地控制起来并全面管好，就必须根据不同情况，不同的影响因素，广泛、灵活地运用多种多样的现代化管理方法来不断提高产品质量。

五是编制质量计划。质量计划是指针对某项特定的产品、项目或合同制定的专用质量措施、资源和活动顺序的文件。质量计划一般应参照质量手册的有关部分来编制，以适应特定的场合。质量计划是质量管理和质量保证在特定的产品、项目或合同上的具体体现，它是针对特定产品和需要重点控制的项目、合同所编制的设计、采购、制造、检验、包装、发运等的质量控制方案，是由一系列文件组成的。具体编制质量计划时，往往要经历一个由粗到细的过程。

六是编制质量手册。质量手册是阐述一个组织的质量方针并描述其质量体系的文件，是质量体系的统帅性、纲领性和总体性文件。质量手册是建立质量体系的重要标志，是进行质量体系审核或评价、管理的依据。质量手册的主要内容应包括：企业的质量方针；企业的质量管理组织结构；管理执行验证或评审质量活动人员的职责、职权以及他们之间的关系；质量体系程序及其说明；质量手册的评审、修改和控制的规定等。

“竞争要取胜，质量要过硬”，优质才能竞争，产品质量与产品竞争能力呈正比。企业对自己所提供的产品或服务的质量一定要做到追求卓越，只有这样，才能把握住生存的机会。

实施专利战略维持竞争优势

技术创新离不开专利工作，专利不仅是企业保护自身技术创新成果的重要手段，更是企业形成持续创新能力、占领市场竞争制高点的有力武器。制定适宜的专利战略，是企业经营战略中一个不可缺少的组成部分，它对我国企业参与国际竞争有着十分重要的意义。

所谓专利战略，就是指企业运用专利手段，寻求市场竞争优势的战略，专利战略的目标是以市场为中心，以专利效益最大化为目的。

企业要加强专利实施的市场化取向，加强市场调研，按照能够取得理想的市场营销效益的要求，来确定专利技术的储备和最佳实施时间。根据市场需求来确定技术开发的方向和重点，并通过市场试销来检验专利产品的成熟度，对不适应市场需求的部分进行更新改造，促使专利产品升级、提高，在市场上畅销、俏销，卖出好价。

所谓专利效益，即通过实施专利战略所取得的全部收益。追求专利效益最大化固然是企业的战略目标，但令人遗憾的是，我国不少企业在专利战略的实施中存在一些问题，使大量的专利效益流失。

那么，专利效益的流失主要表现在哪些方面呢？

一是忽视专利申请造成的效益流失。不少企业经营者和科研人员对专利保护的内涵认识不清。重成果轻专利的现象依然突出，造成大量高新技术流失，使本可通过专利申请取得的专利效益被他人侵占。如江苏有一家企业，近 10 年来完成具备专利性的科研成果 1200 多项，但仅申请了 34 项专利。根据测算，该厂因此造成的经济损失近亿元。

二是合资合作中的专利效益流失。我国许多拥有专利的企业在与外商进行合资合作时，没有对专利作出正确评估，作为股金参加利润分配，使外方无偿地分享了企业的专利效益。有的外商甚至用我们的专利打自己的品牌。

三是忽视到国外申请专利造成专利效益流失。不少企业、科研单位，只申请国内专利，忽视申请国外专利，结果，自己的专利在国外被侵权，却无法取得法律保护。据中国专利局统计，专利法颁布以来，我国向国外申请专利总数不到2000件。有14.84万项发明无偿地“奉献”给了全世界。

四是中途放弃专利造成的专利效益流失。有些发明人因不愿交纳专利费或转让不出去等原因，中途放弃了不该放弃的专利，从而造成了专利效益的流失。

专利效益的流失不仅造成不应有的经济损失，还严重影响专利战略的实施，不利于增强企业技术创新的能力，影响科技人员自主开发的积极性。企业要强化专利保护意识，加强专利技术的研究和申请，将专利战略贯穿于技术创新、产品开发、生产和销售的全过程，努力提高专利效益。

专利战略的实施，按照市场竞争的态势和企业自身的特点，可采用进攻型专利战略或防御型专利战略。

进攻型专利战略主要是指对一类技术的基本发明进行抢先申请，或对竞争对手的专利申请提出异议，使其申请不再符合专利要求的创造性、新颖性。此外还可对拥有某项特定专利的企业实施收购、兼并等措施，掌握专利控制权，从而占领市场竞争的制高点。采用此战略的企业能够获得领先的优势，取得较高的收益，但是风险也大。通常要求企业有较强的经济实力，有强大的研究开发能力，有高额的研究开发投入。

防御型专利战略主要是通过对申请专利的基本发明进行技术改造，申请与基本专利相关、与其周边技术相对应的改进专利，对基本专利实施战略包围；在手段上可充分利用专利网、专利图及其有效组合，以期以尽可能低的投入获得最大的效益。采用此战略的企业可根据专利技术的市场前景及企业自身的技术特征、经济实力，充分利用后发优势，走出一条低成本扩张之路。当然，防御是以守为主，难以获得率先的优势。

美国一些大公司以其雄厚的经济实力、竞争性的民族文化和企业家的胆识，常常采用进攻型专利战略。而日本的一些企业是较为典型的防御型专利战略的采用者。它们常常对别人的发明专利加以改进，再用来限制竞争对手。美国一家生产高科技产品的企业负责人说："日本人的意图是通过专利捆住美国企业的手脚，使美国的工程师感到这也不能做，那也不能做，只好将市场拱手相让。"

一个企业应采用何种专利战略要根据企业所在行业、市场的竞争态势和自身实力来决定，但最终目的都一样，即让获利最大化。

名牌产品是提高竞争力的保证

在市场经济高速发展的今天，名牌已经超越纯经济的范畴，成为企业竞争力、增殖力、后续力大小的体现。只有过硬的名牌，才能立足于商界，取得长足的发展。

对于陌生的事物，消费者不会轻易去冒险，对于品牌和非品牌的产品，消费者更愿意选择的是品牌的产品，这时，品牌给消费者以信心和保证。比如一场球赛，如果是乔丹出场，我们会更愿意观看，因为我们相信有乔丹出场，这场球赛一定会很精彩。在这里，乔丹就是品牌，就是保证和信心。

名牌之所以是一个企业永恒的竞争力，并成为很多企业长期不懈的追求，其主要特点有以下几个方面。

第一，名牌是企业竞争力的综合表现。品牌是产品竞争力的综合表现，当我们说到某种产品具有竞争力时，通常都是指某种“品牌”的产品具有竞争力。名牌直接代表了特定产品的质量、性能和信誉等综合特质。

品牌竞争力也是企业综合实力的表现。“可口可乐”、“万宝路”、“IBM”等品牌，既是世界名牌产品，也是这些大型跨国公司实力的象征。名牌在市场竞争中还具有相当的关联效应，凡是消费者认可的牌子，除了其主导产品之外，同一品牌的相关产品，同样可以赢得消费者的信赖。这也表明名牌可以有很强的市场渗透力。

第二，名牌是高品质、高文化的象征。名牌之所以成名并久经市场考验，关键在于最优、最稳定、最可靠的质量。这种质量既包括原材料质量、生产技术、工艺质量、外观及包装质量，也包括功能质量和服务质量，只有在上述各方面都有超凡的表现，才是名副其实的名牌。

同时，名牌一般均具有较高的文化附加值。名牌中所蕴含的文化附加值包括以下四个方面。

一是名牌背后所反映的生产者先进的价值理念和企业精神。如日本索尼公司所反映的是一种不断创新、不断开拓进取、不断追求卓越的经营哲学；同仁堂集团所反映的是“同修仁德，济世养生”的企业信念。

二是名牌所蕴含的科学技术。名牌是人类聪明才智和科学技术的结晶。一个名牌凝结着直接生产者独具匠心的设计、开发和生产的复杂劳动，也凝结着人类所创造的大量科学技术的成果。有些现代名牌产品，如飞机、计算机等完全是高科技的产物。

三是名牌所反映的民族精神、民族情感、民族风俗习惯和宗教信仰。如以前天津东亚毛呢纺织股份有限公司生产的“抵羊牌”毛线，有抵制洋货之意。如今：四川长虹打出以“产业报国，振兴民族工业为己任”的旗帜，就有民族精神与民族情感的流露。

四是名牌所体现的审美观和审美情趣。如服装的款式及色彩就明显地预示着一种审美的趋势，代表着一种流行和时尚。因此可以说，名牌也是美学的载体。名牌中的文化附加值不是一种具体的使用价值，它只是满足人们情趣需要的一种价值，是名牌战略所期望达到的一种崇高境界。名牌文化附加值作为名牌内在品质的一个要素，决定着名牌的交换价值，决定着名牌的生命力。

第三，名牌以极高的知名度、美誉度和市场占有率。名牌，顾名思义，首先在于“名”。“名”有美名与丑名之分。名牌表现出来的无疑是美名，名牌美名最根本的是源于名牌自身的质量、服务和附加值，它是企业经过一代甚至几代人长期探求、不断创新和改进的艰辛劳动的结晶，是根据优胜劣汰的法则从市场中脱颖而出、为广大消费者所信赖的精品。

一个品牌，当知名度与美誉度都达到了极高的水平时，其即成为名牌所追求的最高的理想境界。知名度与美誉度达到这一理想境界，必然使顾客对名牌产品产生较高的忠诚度和信任感。有些国际知名品牌，其美名传遍世界，为世界各国消费者所熟悉和推崇。同时招来了一大批忠诚的顾客，这些名牌超越种族、语言、信仰的恒久魅力，影响着消费时尚和市场潮流。

正因为名牌有极高的知名度与美誉度，所以，必然给产品带来极大的市场占有率。在传媒高度发达的今天，一种产品、一个商标、一家企业一旦步入名牌行列，其市场半径就会迅速扩大，市场占有率就会迅速攀升，巨额利润也会滚滚而来。

知名品牌企业是启动市场的钥匙，也是企业增强竞争力，提高经济效益的重要途径。很多企业愈来愈注重创造名牌，追求名牌。但是，在创名牌的过程中，企业中明显存在着一些认识上的误区。

一是名牌不是“推”出来的。一个时期以来，在全国范围内，不同层次的“名牌工程”迅速出台，不同等级的“评选”和“推荐”名牌产品的活动也此起彼伏，有的地区“郑重向国内外推荐首批88种”名牌产品；有的省市声称将“用四五年”时间“推出200种左右”的名牌产品，其中10～20个达到“国际知名的品牌”。各种传媒纷纷推出“中国名牌产品”、“中国公认名牌产品”、“中华之光名牌产品”，令人目不暇接，真假难辨。在短时间内，一下子冒出成百、成千、上万的名牌产品。那么，名牌产品还需要创吗？认为名牌产品能够“推”出来的人其实是自欺欺人。

二是名牌不是“吹”出来的。名牌靠的是真正的实力，而有的企业则依靠广告攻势，花钱请名人帮助“吹”，有的不惜代价夺取所谓“标王”称号，花巨资能买来“标王”的头衔，却买不来消费者的信任。消费者知道这笔巨资到头来还是要分摊到产品成本里的，还是要由消费者来付。秦池酒厂1997年以3.2亿元夺得“标王”，但它能生产出1亿瓶酒吗？即使生产出了1亿瓶酒，每瓶酒岂不是要消费者掏3.2元的广告费吗？很多消费者不傻，所以秦池酒厂一下陷入产品大量积压的困境，3.2亿元买回个教训，代价实在太大了。

三是创名牌不能一劳永逸。有的企业稍有点名气就忘乎所以，故步自封，忙着扩大规模，称王称霸；忙着收购兼并，把摊子搞大；忙着多元化经营，大捞一把，这样做的结果常常是事与愿违，“赔了夫人又折兵”，最终不得不黯然退出市场。

创名牌是一项系统工程，实施名牌战略是一项艰巨的任务，真正的名牌是需要一代人甚至几代人的不懈的努力。企业只有持之以恒地扎实运作，才能力创有特色的名牌产品。

“沽名钓誉”和“徒有虚名”的“名牌”能喧嚣于一时，而不能得益于长远。市场是名牌的试金石，消费者是名牌的裁判员，只有市场认可、消费者信赖的名牌，才是真正的名牌。

用质量和信誉树立品牌形象

塑造良好的品牌形象，能够使消费者清楚地了解品牌的价值之所在，增强品牌对消费者的吸引力和市场竞争力。成功的品牌形象像烙印打在消费者的脑海里，一提起某一品牌，立即能反映出该品牌的特色。

“IBM”的形象是蓝色巨人。IBM 公司的广告词出语惊人：“无论一小步，还是一大步，总是带动世界的脚步。”这一广告显示其科技领先的技术实力和雄厚的经济实力，以及行业领袖的气势，令人肃然起敬。由于该公司商标选用的是蓝色，所以被称之为蓝色巨人。

“奔驰”的形象是优质，具有百余年历史的德国奔驰汽车公司始终坚持质量第一。该公司刊登广告说：“如果有人发现奔驰汽车发生故障，被修理车拖走，我们将赠送你 1 万美金!”除奔驰以外，世界上没有一家汽车公司敢于夸下这样的海口。奔驰的质量确实达到了令人叹服的程度，为提高质量，公司建立了一支熟练的技术工人队伍，在国内设有 502 个培训中心，受基本职业培训的人一般维持在 6000 人左右，每年约有 2.3 万人参加再培训学习。他们成为提高产品质量的决定因素。同时，公司严把质量关，一个引擎要经过 42 道检验，油漆稍有划痕，必须返工。从事生产的工人中有 1/7 左右是专门从事质量控制和质量检验的，且标准非常严格。如外厂给公司提供的零部件一箱里有一个零件不合格，就要把整箱零件全部退回，他们选用“全世界最好的”南德公牛牛皮做皮面座，而且一张 6 平方米的牛皮只用一半。他们说：“颈皮太皱，腿皮太窄……”在客户看来，“完美质量”成了奔驰的代名词。

“海尔”的形象是顾客第一。海尔家用电器的广告语洋溢着浓浓的人情味：“海尔，真诚到永远”、“海尔冰箱，为您着想”、“海尔，为你设计，让你满意”。海尔对于名牌的理念是：优质产品加上用户满意才能成为名牌。产品要走出企业，不仅要达到产品标准要求的目标，还要达到用户满意的目标。用户满意是相对的，不满意是绝对的，用户总有新的、特殊的要求，要达到用户满意，就必须随时倾听用户的意见，根据用户的意见来动脑筋改进自己的工作。他们的经营理念是：“用户永远是对的。”

海尔洗衣机问世以来，以其产品和服务的高质量赢得了消费者的信赖，用户投诉率一直为零。然而1997年年初，却有四川农民投诉反映它质量不好，这令海尔人大吃一惊。当他们弄清原来是农民用洗衣机洗土豆、红薯，泥巴糊糊堵塞了排水管的缘由之后，方才松了口气，但他们从中看到了用户新的需求。不久，一种排水管粗大的新型洗衣机便应运而生，它既可洗衣服，又可洗土豆、红薯、海螺、海贝等带泥物。此产品推向内地和沿海农村市场后很受欢迎。海尔人就是这样从动态的市场中不断地去摸索消费者到底在想什么，以期不断地满足消费者的需求，让消费者满意。海尔由此而树立起良好的品牌形象。

在产品日益同质化的时代，产品的物理属性已经相差无几，而品牌给人以心理暗示，满足消费者的情感和精神寄托。

羊群的行动路线是盲目的，头羊走向哪里羊群跟到哪里，羊群唯一的选择就是“吾从众”。消费者也有这样的心理，他们对品牌有一种从众心理，大家都觉得好的就是好。

某啤酒公司做了一个有趣的实验，将该公司啤酒的空瓶里灌上百威啤酒，再在百威的空瓶里灌上该啤酒，然后在繁华的王府井大街，请过往的行人免费品尝。先让他们品尝用该公司啤酒瓶装的百威啤酒，大多数的人都说不好喝，味道不正宗，其中一个当场吐了出来，抱怨说：这是什么味呀，真难喝。

然后请他们品尝用百威啤酒瓶装的该公司的啤酒，结果清一色地都说：这个好喝，味道正。于是问他们喝过百威没有，都说喝过，其中一个还说：中午刚喝了一瓶，就是这个味。这真令人哭笑不得，消费者大多就是这样。

接下来，将瓶子上的标签撕去，再让人品尝，这时品尝者表现得无所适从，一会儿说这个好喝，一会儿又说那个好喝。

在美国举行的一次啤酒大会上，主办单位将三十多种啤酒装在相同的瓶子里，然后将瓶子的标签全部撕去，让三十多个啤酒厂的老板一一品尝，从中找出自家的啤酒，结果没有一个人从中找出自家的啤酒。

以上实例充分说明了品牌、名牌的巨大效应。

厂房再漂亮，消费者不会在买产品之前先去参观工厂；技术再先进，一般消费者也不会去深入探究。消费者只凭着对品牌的感受来决定一切。因此，对企业而言，最重要的不是你怎么样，而是消费者认为你怎么样。

一个品牌本身就是企业的一笔巨大的无形资产，代表着一种形象和精神。品牌是一种契约，这种契约不是写在纸上的，而是存在于人们心中的。品牌向天下人承诺：我是优秀的，我是值得信赖的，选择我就选择了放心。产品可以很快被竞争对手仿效、超越，而品牌却是独一无二的，所以真正持久的竞争优势往往来自于强势品牌。

企业要灵活运用品牌制胜策略

当今的市场竞争已经不再是过去的产品质量、价格、品种以及售后服务的竞争，现在的市场已经进入到品牌制胜的时代。

有关部门对北京、上海、广州、大连、沈阳、天津等31个大中城市所做的“居民消费趋向”调查表明，我国城市居民品牌意识明显增强。消费者心目中的最佳品牌与市场占有率居第一位的品牌的吻合率达到90%以上。据统计，耐用消费品在市场上知名度居前三位的品牌，市场占有率均在60%以上，在有些食品行业其市场占有率在70%以上。由此可见，知名品牌已经牢牢地占领了市场，市场竞争也就成了品牌的竞争。

企业的品牌策略是指企业如何合理地使用品牌，以达到一定营销目的的策略。企业在进行品牌运用时，可选择以下几种品牌策略。

一、同一品牌策略

同一品牌策略是指企业对不同的产品品种，采用同一种品牌进入市场。如娃哈哈集团的产品，无论是营养口服液、果奶、营养八宝，还是冰糖营养燕窝等，都冠以“娃哈哈”这一种品牌。采用这种策略，有利于建立一整套“企业识别体系”和企业统一的品牌商标，广泛传播企业精神和特点，让商品具有强烈的被识别性，提高企业的声誉和知名度，还可以节省商标设计费用，提高广告效果。但采用这种策略，企业必须具备以下两个条件：一是这种品牌必须在市场上已获得一定信誉；二是采用同一品牌的各种产品具有相同的质量水平，否则会因某一种产品质量不佳波及其他产品并影响整个企业形象。

二、不同品牌策略

不同品牌策略是指企业对不同产品品种和质量采用不同的品牌。如五粮液酒厂生产的白酒采用“百粮液”、“五粮醇”、“五粮春”、“尖庄”等不同品牌；上海牙膏厂生产的牙膏采用“美加净”、“中华”、“白玉”等品牌。采用这种策略，能够严格区分不同产品和品种，区别质量档次。企业生产高、中、低档产品，可以适应市场上不同层次的消费水平，扩大市场容量，以取得规模效益。采用这种策略，企业承担的风险较小。因为，即使有一两种品牌代表的商品不受市场欢迎，也不会影响到本企业其他品牌的销售，不会对企业整体形象造成不良影响。但企业要为每一个品牌分别做广告宣传，促销费用高，消费者也不易记住，难以树立企业的市场形象。

三、品牌扩展策略

品牌扩展策略又称特殊品牌策略，是指企业利用成功的品牌推广新产品或改良产品。如春兰集团以生产春兰空调器而遐迩闻名。他紧接着推出的摩托车等产品时采用春兰虎、春兰豹的品牌。采用这特殊品牌策略，节省了新产品的宣传广告费用，利用消费者对品牌的信任感，使新产品能够顺利地、迅速地进入市场。

四、更换品牌策略

更换品牌策略，就是更换企业的原有品牌，采用新的品牌。如科龙集团原生产容声冰箱，后来即采用科龙这一品牌。采用更换品牌策略的原因很多：或原有品牌过时，需要更换；或企业产品方向的变更或扩大；或者企业认为需要重新设计产品形象，等等。

五、品牌归属策略

品牌归属策略又称品牌负责人策略，是指品牌归谁所有，由谁负责。传统上，品牌是厂商的制造标记，因为产品的设计、质量、特色都是由制造商决定的。但是，近年来在西方国家，越来越多的中间商大力提高自己的声誉，树立企业形象，创立品牌。中间商品牌是指制造商将产品大批量地卖给中间商，中间商再使用自己的品牌将产品转卖出去。如美国著名的零售商西尔斯（SEARS）百货公司，90%以上的商品都用自己的牌子。如果生产者不被广大消费者所熟知，或者在制造商资金能力薄弱、市场营销力量相对不足的情况下，就可以利用商业信誉好的中间商品牌，这样更利于推销产品。有时制造商可以考虑两种品牌同时并用，即一部分产品使用自己的品牌，另一部分产品采用中间商品牌。

六、借用品牌策略

借用品牌策略，就是企业生产的产品不用自己的品牌，而用借来的品牌销售。例如，江苏捷康集团的前身是“五亭”牌电扇生产商，进入20世纪90年代，国内电扇市场竞争激烈，一些中小企业纷纷关停。“五亭”牌电扇年产量不到10万台，面临着倒闭的危险。1992年下半年，他们毅然注销“五亭”牌商标，不惜以一半产值的代价，每年花费1000多万元，借来“蝙蝠”这一著名品牌，开始生产和销售“蝙蝠”系列电风扇。他们充分利用军工企业先进的生产技术和宝贵的管理经验，经过三年的努力，使企业成为电器行业的一支新秀。

借用品牌策略是一些困难企业常用的一种策略，采用这种策略看上去是出于无奈，是消极的举措，但从长远看是积极的，借牌是为了使企业渡过难关，出现转机，开创未来。

品牌之所以成为市场竞争的关键，是因为它是以高质量产品和服务的持久作用升华而成的一种企业信誉，是品质的象征。是企业经营理念的一种浓缩，是企业形象的一个重要标志。我们只有加深对品牌的理解，才能自觉运用品牌这一市场竞争中的有力武器。

企业一定要充分利用品牌策略，要为自己的产品贴金。

向客户提供物美价廉的产品

所谓物美是指产品质量好、功能全、美观大方、款式新颖等；所谓价廉是指产品成本低、价格低。

产品的开发，既要讲物美又要讲价廉，做到物美与价廉的最佳结合与统一，这才能使产品受到广大消费者的欢迎，具有较强的竞争力，取得最佳经济效益。

企业要处理好产品质量和产品成本的关系问题，因为质量与成本是衡量企业的两个重要的综合经济指标。最大限度地提高产品质量和降低产品成本是企业为之奋斗的两大主要目标，如果企业存在着产品质量差、成本高的问题，那么这两个问题必然成为制约企业效益提高的两大关键因素。所以，正确认识和妥善处理质量与成本的关系，切实解决这两个问题，是保持企业核心竞争力、建立成本优势的关键课题。

产品质量是指产品满足使用要求所具有的性能，如功效寿命、可靠性、安全性等。产品成本是指生产产品所消耗的费用。二者是对立统一的关系。一般而言，在一定条件下产品质量高成本也高，产品质量低成本也低。要提高质量就要相应地增加成本；要降低成本就要相应地降低质量。但这不是绝对的，二者可以在不同条件下实现不同情况的统一。比如，质量提高，成本可以不变或下降；质量下降，成本可以不变或上升；质量不变，成本可以不变，也可以上升或下降。这里的关键是要看具体的条件，看人的因素或主观努力的程度。如果我们采取切实可行的措施，创造出恰当的条件，完全能够把提高质量和降低成本有机统一起来，使二者同时实现，而这正是我们的目的和任务。

物美与价廉是辩证的统一。它们的关系，从主要方面看，也就是产品质量、功能与成本、价格及效益之间的辩证关系。这种关系总的要求就是要在保证或不影响物美的前提下，尽量降低成本、价格，做到价廉。

“吉列”的形象是价廉物美，吉列公司塑造的是大众化名牌的形象，其原则是不定价过高，为了使它的产品能为消费者带来价值，吉列公司采取了与消费品指数挂钩的做法，这家公司每天跟踪一些价格在10美分到1美元之间的日常消费品的价格，其中包括报纸、棒棒糖和可口可乐饮料等，使自己的刀片涨价的幅度永远不超过这些日用消费品的涨幅。该公司认为，消费者有相对价值意识，当一些产品的价格涨得过高的时候，他们觉得自己受骗上当了。

很多企业为了降低成本，往往忽视了产品的质量。只有坚持“质量第一、信誉第一”的原则，始终向顾客提供物美价廉的产品，才能保证企业长久赢利，经久不衰。请看下面故事。

1993年，温州打火机行业出现了异常火爆的现象，短短半年时间，温州的打火机厂就从原先的200多家发展到3000多家，这与打火机价格的低廉不无关系，许多外商都放弃了与日本和韩国的合作，专门到温州来收打火机。

虽然市场如此火爆，但周大虎却濒临破产。

原因是许多打火机厂为了谋取更多的利润，纷纷在生产打火机时减少工序，并以劣充好，这样产量就比原先增加数十倍甚至更多。一般打火机厂的工人都是计件算薪的，按照周大虎的质量标准，工人一天最多只能做150个打火机，生产劣质打火机的厂家却可以做到500个。为了赚到更多的钱，除了几个骨干外，周大虎工厂里一百多个工人都跑光了。没有了工人，周大虎的工厂陷于停产的困境。

周大虎并没有放弃自己的原则，他重新找了一批工人，并对他们进行了严格的培训，其中最重要的一条就是：“一定要保证质量”。1993年上半年，周大虎因为亏损已经将前两年的利润已经全赔进去了，他在生产加工打火机时还是严格按照正常工序进行，并且在后期的质检更加严格。

1993年下半年，被劣质打火机“坑”苦了的外国商人将目光瞄准了周大虎，仅一个月的时间，周大虎的订单就比上半年接的还要多，而其他三千多家打火机厂因为没有订单而纷纷倒闭。周大虎接到订单后，立刻加班加点赶制打火机，在合同要求的日期之前就将6万只打火机加工出来。当这批货物已经抵达深圳，准备转运到香港时，周大虎为了确保质量万无一失，要求技术人员赶赴深圳再次严格检查。结果发现，由于气温的原因，气箱焊接有问题，可能在短时间内发生漏气。周大虎立刻下令将这批货物运回温州，重新组织生产，这样一来，周大虎损失了二十多万元人民币，他却认为很值得，失去了二十多万，却可能赢回整个欧洲市场。

就这样，周大虎用质量赢得了国内外市场，在短短10年时间，大虎打火机厂从一座小作坊发展成为全国打火机的龙头企业。

不要为了价廉而放弃物美。物美与价廉应该是辩证的统一，企业应该在保证或不影响物美的前提下，尽量降低成本、价格，做到价廉。

不断降低成本增加竞争优势

一个明智的管理者，无论在什么时候，都要对开支进行精打细算，把“好钢”用在刀刃上，不该用的钱一分也不用。只有这样，才能减少费用，降低成本，提高效率。

沃尔玛零售店为顾客服务的精神还体现在充分让利给顾客，它的商品零售价比它的竞争对手凯玛特零售店平均低3.8%。它能够如此大度地让利于消费者，主要是因为采用了降低成本的手段。

比如：在采购方面，沃尔玛极力做到自采自销，从而大幅度地节省了采购成本；在产品宣传方面，沃尔玛从来少有大动作，即使在节假日的广告彩页上的模特，也从来不用明星，而是由自己的员工或者员工的子女担任。因此，沃尔玛的广告费只占总运营费的0.4%，而竞争对手凯玛特的广告费却高达10.6%！

沃尔玛为了降低成本，保持产品的“高服务，低价格”的竞争优势，对自己企业高级员工的出差待遇一律是低标准的规定。譬如：总裁山姆·沃尔顿外出，尽量和别人住同一个房间。美国专家到中国建设分店，只住三星级宾馆，开店的第二天立刻撤离。

如果企业能够创造和维持全面的成本领先地位，与竞争对手相比，能把价格维持在相对较低的价位上，这对企业争取竞争优势是十分有利的。

成本优势的来源各不相同，并取决于产业结构，它们可能包括追求规模经济、专有技术、低成本设计、自动装配线、较低的管理费用等等。不同的行业，不同的企业，成本优势的来源并不相同，低成本生产企业必须发现和开发成本优势的资源。

争取成本优势可以利用经验曲线。经验曲线是在20世纪30年代由美国航空工业提出的，当初只限于工时定额的制定和成本的估计。后来随着一个企业生产某种产品或从事某种服务的数量的增加，经验不断地积累，其生产成本将不断地下降，并呈现出某种下降的规律。经验曲线描绘的就是这种成本下降的规律。美国德州仪器公司从事半导体芯片的制造，随着产量的增加，每片芯片的成本将会下降。累计生产量每增加一倍，成本就会减少20%。该公司决定按照制造数百万片芯片的原则来制定售价。也就是说将初期的销售价格定在经验曲线之下，由于定价低，销售量也就急速上升。因此在较短的时间内，每片芯片的售价降至原来预计的售价之下，许多竞争者因此被挤出了半导体市场。

争取成本优势可以利用低成本的设计，美国的汽车业制造成本比日本高，一家底特律的汽车制造公司拆解了一辆日本进口车，目的是要了解某项装配流程，分析为什么日本人能够以较低的成本实现超水准的精密度与可靠性？他们发现不同之处在于：日本车在引擎盖上的三处地方，使用相同的螺栓去接合不同的部分。而美国汽车同样的装配，却使用了三种不同的螺栓，使汽车的组装较慢且成本较高。为什么美国公司要使用三种不同的螺栓呢？因为在底特律的设计单位有三组工程师，每一组只对自己的零件负责。日本的公司则由一位设计师负责整个引擎或范围更广的装配。有讽刺意味的是这三组美国工程师，每一组都自认为他们的工作是成功的，因为他们的螺栓与装配在性能上都不错。

争取成本优势还可以采取资源共用的方式。即以较低的成本来执行同样的职能，从而在成本上就要比无法做这种安排的竞争者占优势。例如，实行关联型多角化经营的企业，可以共享行销资源，包括销售人力的共用、销售渠道的共用、广告宣传的共用、维修服务网络的共用，等等。除营销之外，研究发展也常常采用资源共享的方式：技术专利共用、共同从事产品开发，共用科研仪器和设备等，以利降低开发成本。

许多企业不重视成本管理，采取粗放式经营，尽管有人工、资源、地价便宜等因素，但成本仍然居高不下，经济效益差，甚至成为企业亏损、破产的主要原因。邯钢经验主要是注重成本管理，从降低生产成本入手，制定规章制度与考核指标，调动全体员工关注成本的积极性，企业上下爱岗敬业，勤俭办企业，从节约一度电、一两煤做起，坚持不懈，使产品成本降到最低限度，以最低的价格销售质量出色的产品，这样才能拥有竞争优势。

在节省成本的过程中，我们不要为了节省而节省，那样就会陷入得不偿失的误区，虽然节省了一点点，但起到的作用不是增强了竞争力，而是削弱了竞争力。因此，在节省成本的过程中，我们要处理好以下几对关系。

一是成本与效益的关系。有时降低成本不仅不会增加效益，而且会影响效益。美国一家加工金枪鱼的工厂为降低成本而减少了工人，结果，因人手少忙不过来，好些金枪鱼的肉都还留在鱼骨架上就给扔了，造成了很大浪费。于是，该公司又被迫增加了工人，成本虽然增加了，但因为减少了浪费，收益增加得更多。其中的道理很简单，即简单地通过减少员工人数的办法来降低成本，可能产生消极作用。

二是成本与效率的关系。有时降低成本可能会影响工作效率，由此而造成的损失是很大的。某企业在获利能力下降时，特地发起了一个名为“龙腾演习”的开源节流运动，要求公司上下全力节省支出。结果出现了矫枉过正的情形，有一部门申请购买一台 HP 逻辑分析仪，前后竟花了一年多的时间。为了降低成本，行政部门规定采购产品要以自己公司或关系企业代理的品牌为优先，若要采购其他品牌，必须提出报告，证明两个品牌的规格不同，且说明为何一定要买特定品牌。于是，该部门花了 3 个月的时间才使行政部门同意购买。但为了节省 17%的进口关税，直接到美国购买，又等了半年的时间。接着是因为同行一家公司也要买相同的仪器，两台一起买可以杀价，至少省下 5%，所以采购时间要再缓一缓。就这样等到仪器到手时，距离提出申请的时间已经超过一年，严重影响了工作效率。

三是成本与广告的关系。减少广告费用可以降低成本，但可能因此而影响产品销售，影响企业和品牌的知名度。增加广告费用可能促进销售，形成规模经济，从而降低成本。企业面临着是增加还是减少广告费用的两难选择，“酒香也怕巷子深”，质量再好没人知道也是没用的，适当的广告是很有必要的。

四是成本与差异性的关系。降低成本可能使企业的产品无特色，而消费者对差异性的产品有偏好，对价格有时并不敏感，愿意购买有特色的高价产品，无特色的产品只得降价求售。这就可能抵消了它有利的成本地位所带来的好处。美国德克萨斯仪器公司就是陷于这种困境的低成本厂商，它因无法克服其在产品差异性方面的不利因素而退出了手表制造业。

五是成本与价格的关系。低成本的生产企业常常希望以比同行低的产品价格占有更多的市场份额。与此同时，同行业的竞争对手千方百计降低成本，为争夺市场份额纷纷降价竞销，由此引发价格大战。这对整个行业所产生的后果将是灾难性的。在我国，1996 年、1997 年先后引发的空调、VCD 价格大战，祸及整个行业。因为，降价要控制在一个合理的范围内，超出了这个范围，企业必然受损失。

六是成本与未来的关系。为了降低成本，不愿为企业的未来做投资，就有可能出现忽视未来的危险，就有可能给未来的发展造成潜在的危机。有些活动开展了，以当前情况判断，很难证明合理，但未来可能收获甚丰。如果放弃了这种活动，那么暂时看上去没什么损失，但未来却失去了后劲。例如，组织人员培训需要有经费的投入，却不能立即见到效益，但对企业的发展是至关重要的。建立企业通讯网络需要大笔资金的投入，同样不能立即产生明显的效益，但对企业信息的收集和沟通，对提高工作效率将起很大的作用。如果减少企业新产品研制开发费用，就有可能延缓新产品开发的时间，从而还有可能增加研制开发失败的风险。

总之，企业降低成本，要想方设法以较低的成本实现同样的收益，并使成本优势转化为持久的竞争优势，但也要避免陷入在降低成本方面存在的许多陷阱，既要立足当前，又要放眼未来，既要考虑近期收益，又要考虑长远发展。

第六章 瞄准市场关注客户

以市场为航标以客户为目标

现代企业拥有了在市场经济的大海中自由航行的无限空间，但企业的生死存亡并不以企业的主观意志为转移，而以企业是否适应市场的潮汐规律为准则，每个企业都要主动去适应市场，而不是自以为是地航行。市场经济条件下的企业好比激流中的航船，如果不能适应市场的变化，必定被不断变化的市场所淘汰。

如果违背市场规律，不以市场的变化为航标，不对市场展开调查，必将受到市场规律的制约与惩罚。

请看日本丰田汽车公司的轿车，首次进军美国市场“折戟沉沙”的故事。

20世纪50年代后期的日本丰田汽车公司，经过20多年的发展，已经成为日本国内最大的汽车生产企业，年产量达到8万多辆。而当时的美国，年汽车销售量已经超过700万辆。如此巨大的市场，对于雄心勃勃的日本丰田汽车公司来说，自然具有强烈的诱惑力，700万辆，相当于当时的丰田汽车公司近100倍的年生产能力！丰田必须立即杀进美国！——在没有对美国市场进行详细调查的情况下，其管理者盲目拍板决定丰田汽车进军美国市场。

当第一辆丰田皇冠轿车运抵美国加利福尼亚州时，立刻受到了媒体的广泛关注，不少顾客到处寻找日本丰田汽车。市场的初步热潮刺激了丰田汽车公司管理者的神经，他们狂热地预计当年就能在美国至少销售汽车 1 万辆，10 年内在美国的销售量最低能达到 10 万辆。于是，美国汽车市场初现的热潮刺激着日本国内丰田汽车的大量生产。

然而事与愿违，美国的狂热不久就变成了低温——丰田皇冠车虽然在许多细节设计方面很周到，但它的车速只适应日本狭窄弯曲的公路而不适应美国的高速公路，车速一过 80 公里就力不从心，浑身打颤。因此，导致了美国消费者兴趣的锐减，只有 5 个代理商愿意经销丰田轿车。

1958 年一个销售年中，在美国市场只销售出 288 辆丰田轿车。丰田汽车公司的管理者进军美国的梦想像被扎破的气球——很快就瘪了。

1960 年，丰田汽车公司被迫作出沉重的决定：丰田轿车撤出美国市场。

这是国际企业发展史上一个市场制约企业的典型案例。不仅日本丰田汽车公司将此案例作为开发市场的前车之鉴，而且世界上许多研究企业与市场关系的专家，也把它作为敲响企业盲目进军市场的警钟。

正确的市场观念是：先有市场，后有产品。

而我们现在许多企业往往是先有企业，做出了产品后再去辛辛苦苦寻找市场。这是市场经济条件下本末倒置的盲目做法。科学的市场观念是，先做好充分的市场调研，而后选项、定位，组织生产。

企业在做决策时，要认真调查市场的需求现状与需求趋势，还要在认真调查的基础上，对市场的发展态势作出科学的预测，然后，在分析市场和分析竞争对手的基础上，对自己的战略战术做科学调整。

市场经济与生俱来就有自己的潮汐规律，顺势者生，逆势者亡，绝对不以人的意志为转移。

比如，曾经有一段时间，我国市场热销黄桃罐头，而南方某地盛产黄桃。于是，一批加工制作黄桃罐头的食品企业应运而生。罐头厂的大批建立，又刺激了黄桃的生产，许多粮农开始将农田改种桃树。在一个时期内，此地产出的黄桃罐头几乎覆盖了全国市场，企业和农民双双受益。

各地商家见生产黄桃罐头有利可图，纷纷在当地建立农工贸一体的黄桃生产基地，真是一哄而起。然而好景不长。不久，市场上就出现了黄桃罐头过剩的现象，而消费者的兴趣又转到了别的食品方面，罐头厂却没有适应市场变化的替代产品，大批黄桃罐头把各地罐头厂家的仓库装得满满的，广大果农眼睁睁地看着黄桃烂在了地里。罐头厂纷纷下马，有的破产，有的倒闭，有的转行……

这就是企业因市场而生、因市场而死的现象。黄桃罐头厂家及黄桃种植农户，他们只重视自己眼前的利益，而没有预测市场的未来。黄桃罐头产业的盲目上马和种植业户的盲目跟风，造成了黄桃罐头市场的过早饱和，所以，在没有及时调整产品结构和产业结构的情况下，一遇市场变化，只有死路一条。这就是市场经济的无情，这就是客观经济规律的力量。

再如，随着市场经济的发展，交通和旅游业也迅速地发展起来。北方一大批诸如吉林蛟河的“庆岭活鱼”、黑龙江的“得莫利炖鱼”、内蒙古的“手扒羊肉”、长春的“龙家堡排骨”、陕西的“羊肉泡馍”、山西的“刀削面”等路边“小吃店”也随着交通旅游业的发展而兴盛起来。一时间，条条国道旁，家家饭馆香，灯红酒绿一片，数不尽的个体餐馆应运而生。出人预料的是，国人“一窝蜂”上项目的习惯导致了路边个体餐馆业发展过快过滥，产品质量粗糙，服务质量低劣，造成游人和过往司机消费兴趣大减，光顾率明显降低。

于是乎，许多餐馆恰似昙花一现，纷纷上马又下马。至今在全国各地的许多国道、公路两侧，仍会看到许多荒废闲置的房屋。

在市场经济条件下，企业一定要了解市场根据实际情况，作出适当的调整，只有这样企业才能顺势而行。在激烈的市场竞争中，能容许经营者决策失误的范围越来越小，经营决策上的一次小小的失误，就有可能酿成严重的后果，使企业在竞争中处于被动地位。

因此，在经营决策中，针对市场不同情况，我们可以采取以下策略。

一是在市场成长期，要懂得先行一步。市场成长期是消费需求最旺盛的时期，企业要不失时机地抓住这个机会，进入市场，占据先机。市场成长期也是竞争最激烈的时期，由于拥有丰厚的利润，可以吸引大批竞争者加入，他们开始仿制和生产同类产品。企业要保持领先的地位，有必要加大投资力度，迅速增加生产能力，拉大与竞争对手的差距。当然，企业在市场扩张的同时也会相应地加大营销成本。因此，在市场成长期，企业面临着“高市场占有率”抑或“高利润率”的选择。一般来说，实施市场扩张战略会减少眼前利润，但加强了企业的市场地位和竞争能力，有利于维护和扩大企业的市场占有率。从长远看，这样做有利于企业发展。但是，风险也同时存在，正如我们在以上所谈到的，有些产品的市场生命周期越来越短，过了成长期就是衰退期。如果对这类产品采用市场扩张战略，就有可能血本无归。因此，对这类产品应提前收获，选择“高利润率”策略，加速投资资金的回收。

二是在市场成熟期，要挖掘潜在市场。在市场处于成熟期，市场占有率就会变得相对稳定。经验不断告诉我们，在市场成熟期如果采取降价措施，或加大广告投入，常常会得不偿失。在这一时期夺取市场占有率的主要手段是挖掘市场潜力，而挖掘市场潜力又可以通过市场改良和产品改良的方式来实现。市场改良就是通过改变产品的用途或者改变销售方式、扩大销售对象来开发新市场，寻求新用户。例如，运动衫是青年人爱穿的运动服装，由于全民健身运动的兴起，中老年人和儿童也积极参加体育锻炼，运动成为了时尚，这时将运动衫推向中老年市场和儿童市场，会很快为消费者所接受。又如，长虹集团在大多数彩电生产厂家由中型彩电向大屏幕彩电发展时，出人意料地恢复了小型彩电的生产，结果在农村市场和内地市场上大受欢迎。这种为产品重新定位，寻求新的买主的策略是十分高明的。产品改良也称为“产品再推出”，包括提高产品的质量，增加产品的功能，改变产品的式样，为顾客提供新的服务等。例如，海尔洗衣机厂更是从消费者用洗衣机洗土豆而使洗衣机发生故障的事件出发，为这些农村的消费者设计出既能洗衣服，又能洗土豆的一机多用洗衣机，受到农民朋友的欢迎。

三是在市场衰退期，要重新寻找机遇。当市场进入成熟期，市场占有率很难再提高时，企业可以通过开发新产品，进入新的市场；还可以开拓海外市场，参与国际竞争。在动态的市场中，有着各种各样的机遇，关键就在于企业能否把握得住。例如，当年湖北医药工业研究所研究出一种具有国际先进水平的新型胃药，取名为“迪乐”，武汉某药厂意欲购买此项技术，但由于围绕医工所急需的一台价值 3 万元的制剂干燥设备，双方讨价还价，各不相让，使转让生产权谈判陷入僵局。在这关键时刻，珠海丽珠制药厂得此信息后，厂领导亲自赶到武汉，当即以 40 万元与该所拍板成交，获得了该药的专利技术和新药证书，改名为“丽珠得乐”，迅速投入生产，第一年“丽珠得乐”便旺销1.2亿元，这使武汉那家药厂后悔莫及，不该斤斤计较，错失良机。

制约企业生死的是市场，把握企业命运的是企业自己，企业应该根据市场状况及时作出调整。

把握市场动向关注客户需求

市场决定着企业的兴衰，是因为市场会随着时间的推移而不断发生变化。在变化的市场面前，如果企业的经营方向不变，那么就会被淘汰。企业要及时对市场进行调研，根据市场变化及时调整企业的经营方向，预先开拓新的市场。

红豆集团是我国最负盛名的乡镇企业之一，它的“红豆”服装系列在我国服装市场久享盛誉。然而，“红豆”没有因为它在中国的乡镇服装企业中享有“龙头老大”的地位而停步不前，而是通过预测市场，寻求新的经济增长点——进军大型摩托车产业。

1983年，红豆集团董事长周耀庭接手了濒临倒闭的乡镇企业“港下针织服装厂”，靠着8台老旧棉毛车，租用一个旧祠堂做车间，贷款6500元开始创业。

1985年，发展成初具规模的“无锡市太湖针织衣总厂”。

1995年发展成闻名全国的大型服装企业——“红豆”集团。其拥有8大分公司、64个厂，其中5家为中外合资企业，1家境外独资企业，总资产5.8亿元，员工7000多人，全部生产衬衣、西服、领带、时装、羊毛衫、童装、内衣等服装系列产品。年销售额10多亿元，出口创汇1500

万元。其生产规模、产品系列、市场占有率、产值、利税等经济指标，在我国服装行业均排名第一，红豆服装被评为“十大名牌”之一。

然而，“红豆”没有满足现状，它在顶峰时期开始了新的产业规划——经过市场调查发现，中国虽然摩托车企业很多，但有规模的摩托车轮胎企业很少，于是，他们经过认真的论证后，迅速投资兴建了摩托车轮胎厂。

不久，他们又经过广泛的市场调查和论证发现，中国的摩托车市场虽然竞争激烈，日趋饱和，但是，作为自行车和汽车之间过渡性产品仍然具有广阔的市场。尤其是广大的农村和小城镇，摩托车的市场前景更大，所以，决定投资摩托车产业项目。

“红豆”人认为，只有疲软的产品，没有疲软的市场。于是，他们抓住机遇，收购了上海申达摩托车厂，选定了一个叱咤风云的商标名称——“赤兔马”。“红豆”选择“赤兔马”为商标，是因为《三国演义》中的关公的坐骑是赤兔马，关公的侠胆忠心在农村几乎家喻户晓，很有亲和力和市场感染力。两年后，“赤兔马”牌摩托车跨进了全国同行业的20强。

“红豆”集团是企业为市场而生的楷模，它从8人的乡镇小企业起步，几年时间即发展成为无锡市的知名企业，10多年后发展成为闻名全国的大型企业集团。从创业时的借贷6500元起家，到十几年后成为总资产5.8亿元的大型企业集团，每一步都是以市场为导向，每一步都抓住了市场的变化。

市场永远是处在动态的变化之中，不同时期有不同的变化特点，那么，这些变化主要表现在哪些方面呢？

一是市场结构的变化。现代化通讯和运输业的发展使时空变得越来越小。跨国公司的发展，使之逐步成为“无国籍”的企业，各国贸易政策的变化趋向于取消贸易壁垒，有利于各国的经济交往。我国市场结构随着经济体制的改革和产业结构的调整也在发生变化。市场结构每次调整变化，都有新的机会或威胁呈现在企业面前。一般而言，当市场结构发生改变时，企业的资源分配也要作出相应的调整。

二是市场需求的变化。随着市场经济的发展，消费者的消费需求也在不断发生变化。

人们在解决温饱问题之后，更加重视保健和生活质量，因此，各种保健用品、健身器材，娱乐产品等充斥市场。随着人们消费心理的变化，使高档消费品和高档名牌商品的使用成为身份和地位的象征。人们环保意识的加强，使环保用品的市场越来越大。

消费需求的种种变化，创造了大量的产品替换机会。我们不仅要看到这种变化的存在，还要预测这种变化的影响，提前采取行动，先于竞争者动手，迅速确定优势。企业如果能够抢先一步满足消费者尚未满足的需求，也就比竞争者拥有更多优势来追求利润和谋取发展。

三是市场周期的变化。任何产品市场都受到产品生命周期规律的影响，产品从引入期过渡到成长期、成熟期，最终进入衰退期，不同的产品有着不同的生命周期。随着科学技术的迅猛发展，许多产品的生命周期愈来愈短。有的产品刚投入市场，甚至还未进入成长期，就面临被淘汰的命运。比如 VCD 影碟机的出现取代了磁带录像机，使磁带录像机在我国刚形成规模生产即被淘汰，而 VCD 寿命则更短，DVD 迅速取代了它。面对着瞬息万变的市场，企业要审时度势，预测市场周期性变化的规律，适时采取措施，开发新产品，走向新的市场领域。

在海尔集团，有一句话叫做："市场唯一的法则就是市场永远在变"。既然市场在不断变化，就必须不断寻求用户新的潜在的需求，把握住市场的脉搏，这样才能走在市场的前面。

了解消费需求提供满意产品

每个企业都应该明白：消费者就是衣食父母、就是上帝。所以，企业应当深入细致地去分析研究、准确把握消费者的各种需求，生产出适合消费者的商品。

在美国，73%的企业都有非常正规的市场调研部门，专门负责对产品的调查、预测和咨询工作，并且在每一个产品进入新市场时都进行专门的市场调查，及时了解消费者的使用情况。

可口可乐公司经过深入细致的调查后发现，人们在每杯水中平均放 3.2 块冰块，每人平均每年看到该公司的 69 条广告。而汉堡公司更是绝妙，它曾经秘密地调查过，消费者在使用卫生纸时是叠起来用还是折起来用，连各占的比例是多少都有记录。

瑞典伊莱克斯公司更是从上到下，把了解消费者放到实际行动中去。一次，一位衣冠楚楚的外国人小心翼翼地敲开了一家普通居民的大门。在主人的热情引导下，客人进屋后不仅仔细地观察了这套居室的布局和厨房、卫生间的结构，而且认真仔细地了解家中各种家电的品牌、功能，还向主人询问了有关购买和使用这些家电具体的情况。看来，这位客人对所有家电都十分感兴趣。主人十分惊讶，一问才知道，原来这位客人竟然是瑞典伊莱克斯公司的首席执行总裁！

跨国公司的执行总裁竟然亲自深入普通老百姓家搞市场调查，在许多人看来也许是不可思议的事情，在这些企业中却把这作为是一种必需的工作程序。

提起“麦当劳”快餐，中国的城市居民几乎无人不晓，它的知名度早已压倒了中国许多食品界的老字号。许多人不知道“全聚德”烤鸭，不知道“狗不理”包子，但是没人不知道“麦当劳”快餐的，尤其是青少年。

“麦当劳”快餐怎么就会在短短的几年时间里，赚取这么高的知名度和青少年的忠诚度呢？它是如何打进中国市场的，如何打进中国人的头脑的呢？

(1)“麦当劳”快餐在进军中国市场前，总部曾经派遣市场考察人员连续5年在中国各地对中国消费者的经济收入情况、消费方式的特点等进行了跟踪调查；

(2)“麦当劳”快餐总部派遣市场人员提前4年在中国的东北和北京郊区试种马铃薯；

(3)“麦当劳”快餐市场考察人员根据中国人的体形高度设计了柜台和桌椅的尺寸规格；

(4)“麦当劳”快餐的中国考察人员预先从香港空运麦当劳成品到北京，进行口味探索试验和分析；

(5)“麦当劳”快餐的第一家分店开设前，市场人员首先在北京挑选了5个有代表性的地点进行反复论证、比较。

万事俱备之后，“麦当劳”快餐进军中国市场一炮打响，然后兢兢业业地塑造着自己的品牌，所以，只有对消费者进行详尽的了解，企业才能做到有的放矢。“麦当劳”快餐在中国的成功，就是建立在充分了解消费者、充分了解市场的基础之上的。

以上列举过日本丰田汽车公司首次败北美国市场的教训，就是因为它缺乏对美国市场的调查，只注意了汽车门灯、雨刷器等小的细节方面的改进，而忽略了美国是个拥有高速公路的国家，忽视了美国人一上高速公路就喜欢开快车的习惯。因此也就忽视了丰田汽车在速度方面的开发，以致在日本的狭窄弯曲的公路上运行良好的汽车，一到美国的高速公路就相形见绌，速度一超过80公里，汽车就像患了疟疾病，浑身颤抖，发动机功率下降。这一忽略，竟然使日本丰田的首次国际竞争以失败而告终，丰田汽车公司也因此造成了严重的仓库积压而蒙受了重大损失。

但是，日本丰田汽车公司绝对不会放弃美国这个庞大的汽车市场的，它决定采取勇敢否定自己的方式雪耻美国——研究丰田轿车的弱势而改造它，研究美国的市场趋势而适应它。这就是日本丰田汽车公司的竞争精神！

有一天，美国一个家庭接待了一位前来求学英语而租居民宅的日本人。这个日本人彬彬有礼，谦虚好学，除了学习英语外，每天都在做笔记。他记录的内容不是什么国家大事，而是美国人的生活琐事，包括吃什么食品、看什么电视节目等等。三个月后，那个日本人走了。不久，日本丰田就推出了针对美国消费者需求而设计的物美价廉的旅行车。这种车的设计每个细节都适合美国人的习惯和需要。譬如，美国年轻男士喜欢喝瓶装饮料，车内就设计了能冷藏并安放饮料瓶子的柜子……后来情报部门弄清楚了，原来那人就是日本丰田汽车公司的市场调查员。

日本丰田汽车公司可谓用心良苦，它像一匹蓄谋已久、伺机进攻猎物的非洲雄狮。它紧紧抓住20世纪70年代的两次国际石油危机为发展契机，大量研发小型节油型汽车，再次有准备地打进了美国市场，从而长驱直入，势如破竹，一举雪耻美国。

1980年，美国的NBC电视台曾经就美国人为什么喜欢日本汽车问题，专门广泛地采访了美国的汽车消费者，所得的结论是：

(1) 日本汽车省油；

（2）日本汽车质量好；

（3）日本汽车外形美观；

（4）日本汽车价格便宜；

（5）日本汽车使用方便；

（6）日本人的服务态度好，售后服务质量高，用起来放心。

这就是日本丰田汽车公司切实了解消费者，以市场为导向，以竞争为手段，打败美国汽车“三巨头”，能够复仇美国、重新占领美国市场的原因。

丰田人的市场竞争精神就是主动竞争精神，为了占有目标顾客，他们首先去了解顾客，把顾客的需求融于产品设计之中，这种有的放矢的竞争能力注定会击败所有对手的。

企业不能闭门造车，要走出去，了解消费者的需求。

提供最佳服务笑迎八方来客

一些企业在参与竞争时，依然停留在宣传策略的低层次竞争方面，然而，有许多企业早已参与到更高层次的竞争——服务竞争的层次中去了。

现代人的消费观念是花钱买舒服，某些酒楼饮食生意不佳，不明真相的老板总以为是自己的厨师炒的菜不合顾客胃口，或者装修不够华丽等原因，殊不知，服务员的态度才是致命伤。如果有上好的厨师，堂皇的大厅，却聘用傲慢无礼的服务员，那么酒楼的生意肯定会不景气。顾客掏钱要的是享受，犯不着花钱买气受，说不定他们还会在亲朋好友面前数尽所遇酒楼的坏处。相反，如果有上佳的服务态度，即使你的饭菜不怎么合胃口，装潢不怎么华贵，也能留住顾客的心。

肯德基快餐业是世界知名公司，其商业战略的首要诀窍就是微笑。服务员和蔼可亲的微笑，可以让厨房里的员工们安心忙工作，而顾客就餐时也如沐春风。这样，顾客满意服务员的态度，也就等于认可公司整体形象。

当今时代发展的步伐越来越快，人们的生活节奏也越来越快，消费者在享用新产品的同时，十分向往同步享受商品的销售服务，即足不出户就能享受到商家的产品推介、使用示范、疑难解答和上门修理等服务事项。这一方面是消费者快节奏工作的一种需要；另一方面，则是企业积极服务消费者精神的一种体现。

在当下，哪个企业不注重销售服务方面的内容和销售手段方面的竞争，哪个企业就要落伍于时代，受到市场经济规律的惩罚。

在 2000 年前后的几年里，爱立信手机为什么在中国市场中从头把交椅快速跌落下去？就是因为它在服务竞争中被自己的懒惰拖垮了。1998 年，爱立信手机曾经被《广州青年报》连续报道了 3 次在中国市场中存在的质量和服务问题，引起了消费者对爱立信的大规模的批评，更严重的是爱立信的 768、788C 款以及正在大炒广告的 SH8888 居然没有取得中国的入网证就开始在中国销售，但当时爱立信对中国消费者的批评置若罔闻，非但不积极解决，反而试图通过加大广告力度来掩饰问题。

爱立信手机在 2001 年的市场竞争中又因质量问题受到了媒体的广泛关注，但是，许多过去受爱立信品牌影响的用户仍然垂青爱立信。可是，它的售后服务工作却比它的质量更丧失人心。一位客户对记者说，他的爱立信手机对方听不到他说话，送爱立信维修部修理却好长时间没修理好，最后，他们告诉顾客说是手机的主板坏了，更换需要 700 元钱。可是，这位客户在个体维修部只花了 25 元钱就解决了问题。

诸如此类不注重服务、失信于民的事件连中国许多媒体都关注到了，遗憾的是唯有爱立信当时的中国管理层麻木不仁，所以，渐渐地它们就被市场无情地疏远了！

美国诺顿百货公司创建于1963年，下辖8家服装专卖店，它为自己制定的打入市场的竞争准则是：靠服务取胜市场。有这样一个小故事在顾客中流传：某年，有家企业的业务主管要出差，行前拿了两件西装到诺顿的专卖店去修改，可是，在他要赶飞机时诺顿的专卖店却没有把他的西装修改好。然而，等他遗憾地来到了目的地预订好的宾馆时，却意外地发现那里有一个他的邮包快件，他好奇地打开一看，原来正是自己那两件已经改好的西装，里边还附有3条价值25美元的领带和致歉函，以表示诺顿没有在他起飞前就改好他的西装的歉意。这个注重服务的故事，极大地提高了顾客对诺顿的信任度。

另外，许多细心的顾客还注意到，每当营业高峰时间，诺顿的总裁约翰先生即使再忙也从不占用电梯空间，而是不顾疲劳地在楼梯上走上走下，以便让电梯多容纳一位光临的顾客，让顾客多节省出一点时间。

诺顿百货公司制定的服务条款中有如下内容：

（1）为在试衣间试穿衣服的顾客准备饮食；

（2）替要参加会议的顾客熨烫衬衫；

（3）替光临本店的顾客到别家商店购买他们找不到的商品，然后打七折卖给顾客；

（4）在寒冷的冬季为顾客暖车；

（5）替因急于到诺顿购物而交通违章的顾客支付罚款。

试想，如果我们身边有如此周到服务的企业，哪个顾客不想光顾呢？哪个消费者会不忠实于这个如此尊重自己，如此热心为自己服务的企业呢！所以，诺顿百货公司的大批忠实顾客都戏称自己是

"诺家帮"。

雀巢公司的成功是得益于他们的优质服务。毫无疑问，雀巢对于许多第三世界国家都堪称是一个咄咄逼人的市场营销商，它的促销活动除了针对消费者之外，还直接针对内科医生和其他医务人员。直接针对消费者的促销活动有多种，所采取的媒介有电台、报纸、杂志和广告牌，甚至使用装有高音喇叭的大篷车。它免费散发样品、奶瓶、奶嘴和量匙。在有些国家，雀巢通过采取"奶护士"的方式，直接与顾客接触。

雀巢公司雇用了大约200名妇女充当护士、营养师或助产士，这些专业人员通常的绰号是"奶护士"，她们走访婴儿的母亲，给她们送样品，她们穿着统一的制服，看起来十分规范，大大增强了人们对她们的信赖感。

企业必须清醒的是：在今后的市场竞争中，谁拥有更多的客户，谁就拥有更大的市场，而拥有更广大客户的有效手段之一就是服务竞争。

用适销对路产品赢得消费者满意

主动接近消费者，满足消费者的需求，就意味着主动削弱竞争对手的优势，进而确立自己的优势地位。

请看日本樱花公司是如何采取灵活的策略，主动赢得消费者的心的。

在日本的胶卷市场上，领先的是富士公司。另一家樱花公司在竞争中节节败退，根据调查，问题不在产品的质量上。樱花胶卷受到商标的拖累：在日文里，“樱花”这两个字代表软性的、模糊的、桃色的形象，相反地，“富士”这两个字与日本圣山的蓝天白雪联想在一起。由于樱花牌胶卷受制于这一不幸的形象，所以进行各种广告宣传都无济于事。

为了摆脱不利因素的困扰，樱花公司转而从结构、经济和顾客的观点分析市场，看看是否能发展出正面的竞争优势，功夫不负有心人，他们终于找到了一个线索。

樱花公司发现购买胶卷的顾客对价格越来越计较。胶卷冲印公司报告说，业余摄影者在采用36张的胶卷时，普遍都会剩下一两张未拍摄；如果使用20张的胶卷，总要想办法多拍几张，这里就是樱花公司的机会，它决定推出一种24张的胶卷，售价则与竞争者的20张胶卷一样。多增的成本极为有限，竞争者如果把20张胶卷的售价降低，樱花公司准备开展价格战。樱花公司的目标是双重的：第一，它要争取对价格斤斤计较的摄影者；第二，也是更重要的，它要把消费者的注意力从不利于自己的形象上转到于自己有利的价格问题上。

最终，樱花公司赢得了消费者的心，市场占有率节节攀升。

美国一位著名企业家曾经说过：“现代商战的胜利不在于你占据多少商场，而在于你占据了多少个消费者的心，只要占据了消费者的心，你就拥有了一切。”

英特尔公司是生产电脑芯片的公司，直接用户是各电脑制造厂商。在1986年推出更为先进的386芯片时，该公司却一度陷入了困境，产品大量积压，卖不出去。分析其主要原因：一是蓝色巨人

IBM 公司不感兴趣，他们希望采用自己的微处理器。由于 IBM 公司是建立市场标准的龙头老大，他们拒绝使用，386 电脑就无法成为市场主流。二是在 386 电脑开发之前，英特尔芯片采取开放系统，其他芯片厂商均可以生产，这对电脑市场的开拓起了很大的作用。386 电脑推出后，英特尔开始捍卫自己的知识产权，不仅引起同行的强烈不满，也使得争夺芯片市场的竞争更为激烈。三是消费者对 386 电脑不了解，仍然对 286 电脑感到满意，并认为 IBM 公司都在生产 286 电脑，我们为什么要用 386 电脑呢？如何走出困境，英特尔决定开展品牌营销，把经营的重心从原来面向电脑制造厂商，调整为面向最终用户。于是发动广告攻势，广告中明确告诉电脑用户，286 电脑已是过时的产品，买电脑就应该要买 386，32 位元取代 16 位元的时候到了！广告攻势形成的效应非常明显：电脑用户指名要买 386 电脑，286 电脑则乏人问津。接着，英特尔公司与电脑制造厂签订协议，在计算机上使用“Intel Inside”的标志，购买芯片时给予 3% 的折扣。若在外包装上也注有“Intel Inside”的话，则给予 5% 的折扣，作为广告津贴。有趣的是，开始的时候，整机生产厂家为了得到广告津贴而印上英特尔的品牌标记，可渐渐地它们发现英特尔的这一标记有着特殊的价值，它可以使企业的产品增值。特别是那些知名度不高的品牌，只要在机身上印上这一标记，马上会身价倍增。

英特尔品牌营销战略取得了成功，英特尔已经成为高质量计算机的代名词，一个不使用英特尔芯片的计算机是很难让消费者相信是高质量的，英特尔抓住了消费者的心理。

一个企业要懂得想方设法拉近与消费者的距离，就要懂得和顾客结成一种伙伴关系。与消费者建立一种亲密的伙伴关系，这是企业制胜的法宝。

1987 年，台湾顶新集团决定以开发生产新口味方便面作为在大陆的投资。他们采取入乡随俗的策略，“到什么山唱什么调”。

首先，极富市场意识的台商，冥思苦想要给新口味方便面取个吉利的名字。思来想去，选中了“康师傅”，因为“师傅”的使用频率和广度在大陆不亚于“同志”，而“师傅”更有亲和力。此外“康”字也容易引起人们对健康、安康、小康等心理联想。后来的实践证明，“康师傅”这个品名的确是个好名字。“康师傅”方便面经广告媒体一阵爆炒，很快深入人心，家喻户晓，几乎成了方便面的代名词。

其次，为了使新产品名副其实，顶新集团的策划者在“大陆风味”上狠下工夫，光名字好听还不管用，还要能适合大陆人的胃口，最终，“康师傅”的口味很受大陆人的欢迎。“康师傅”在北京、天津、上海等大城市非常火爆，而几乎同时进入大陆的台湾食品业巨子“统一集团”在大陆的经营却不甚理想。“统一”采取“以货试市”的路线，先把岛内最畅销的鲜虾面端出来，想让大陆人尝尝“台湾风味”，过过现代快餐食品之瘾。然而“众口难调”，大陆消费者对鲜虾方便面敬而远之；接着他们又换上岛内排名第二、第三的方便面，依然是他们的一厢情愿。在惊异两岸同胞口味差别如此之大后，“统一”才想起“入乡随俗”的古训，进行“大陆化”研究，并策划后来居上的产品开发方案。然而，“统一”想取代“康师傅”一统天下已非易事，消费者的心已经被“康师傅”占领了。

企业不可高高在上，“顾客是上帝”，只有把顾客作为企业生存、发展的重点，才能形成“水载舟”的局势，否则就可能演变成“水覆舟”的局面。

企业一定要主动争取消费者，主动迎合消费者，取得消费者的信任和依赖。

消费者满意的就是最好的

企业的产品是为消费者的需要而研制和改进的。只有掌握消费信息，适应消费者的需求，产品才会有好销路。

关于适应消费者，小小神童洗衣机的开发就是一个典型例子。

通常洗衣机的销售淡季是在每年的5月到8月。按理说夏季衣服天天换，正是频繁使用洗衣机的时候，可为什么偏偏这个时候洗衣机不好卖呢？他们通过大量市场调查，发现主要原因是市场上的洗衣机容量太大。夏季一天换下2件衬衣，如果用5公斤的洗衣机来洗，费水、费电、费力、费洗涤剂，显然划不来。因此，用户夏季并不是不需要洗衣机，而是市场上没有他所需要的小容量洗衣机。海尔集团通过对上海市场需求的调查发现：上海人住房紧张，大体积的洗衣机会占去较大空间，因此，上海人不喜欢大容量洗衣机。据此海尔集团开发出了小小神童洗衣机，容量只有1.5公斤，是世界上目前最小的洗衣机。当时，这个产品不仅在国内市场一炮打响，非常畅销，而且大批量出口到日本和韩国。

大家知道，海尔集团是中国企业的骄傲，它的市场意识、自主创新能力为中国企业作出了榜样。

家用电器是耐用商品，谁家也不可能像换衣服或者其他日常消费品那样轻易更换它。因为，一方面是由于洗衣机价格太高，另一方面是通过水流转速和洗衣粉的作用洗掉衣服上的污垢而已。所谓新产品，无非是在节能节电上做做文章，根本没有什么实质性的改进。

海尔集团却抓住了洗衣机消费市场上的一个倾向：那就是节水

型和环保型。如果能够生产出比现在的洗衣机大量节水，而且能够避免洗衣粉对环境和身体的污染的洗衣机。那么就一定会拥有更大的洗衣机市场。

这就是海尔集团顺应市场的求新规律对洗衣机市场调研的结论，这就是海尔集团探索出的洗衣机未来市场的商机。

为此，海尔集团充分利用自己的科研资源，组织了生产、科研、销售、服务等相关部门联合攻关。经过长时间坚持不懈的反复试验，攻克了15个难关，获得了32项专利，成功地制造出能够让普通清水转变成微碱性水的关键部件——电解槽，使不用洗衣粉就可以洗净衣服的梦想变成了现实。这种新型洗衣机的用水量只是老式洗衣机用水量的三分之一，而且人类再也不必担心洗衣粉的有害物质对身体及环境的危害。

据调查，世界上有许多国家的电器产业早就开始了对无洗衣粉洗衣机的研制，但是成果都不理想，且价格是普通洗衣机的3倍，因此也都没有打开世界市场。唯有我们的海尔洗衣机，产品一经上市，就打进了10多个国家。

随着人民居住生活水平的提高。房屋装潢业始终商机旺盛也始终竞争激烈，但直线木质地板遇潮后的起拱变形问题，一直是困扰地板生产企业的老大难，连号称“地板王国”的德国也无可奈何。如果谁能解决这个问题，谁就抓住了一个世界性的大机遇。但是，谁也不会想到，这个世界级的难题和机遇，却被中国的一个下岗工人攻克了，抓住了。值得深思的是，如果是你，能在一次倒霉的质量事故中发现一个重大商机吗？

王仁忠下岗后历经生活磨难，当过搬运工、推销员、开过机床和出租车，还搞过房屋装潢。一次，给一家客户安装过木地板后，女主人找到他，说地板起了拱，夜里男人上厕所被绊倒在地，差点摔死。王仁忠是有心人，他一边因为这次倒霉的质量事故向人家赔礼道歉，一边细心维修着起拱的地板。维修过程中他突然想到：木地板潮涨干缩、变形起拱的问题是经常遇到的老大难问题。但是，难道这个老大难就无法克服吗？如果能够研制出受潮不变形的木地板，肯定会有很大市场的。于是，他决心抓住这个问题进行研究。

功夫不负有心人。经过三年的学习钻研，王仁忠终于解决了连德国也没有解决的木质地板“潮涨干缩”的世界级难题——曲线地板。

经专家鉴定：王仁忠研制的曲线地板是直边地板的换代产品，属于“国际首创”，在国内先后获得了新技术、新产品博览会金奖和特别金奖。王仁忠也从此成了科技创新的新闻人物。他不仅还清了研制曲线地板欠下的 30 多万元债务，而且迅速创建了武汉市连城实业服务股份有限公司，使这家以生产曲线木地板的私营企业越做越大，不久就闻名中外。公司在北京、广州、天津、福州等 30 多个大中城市设立了总经销公司或者分公司。德国、美国、加拿大等国客商纷纷要求和他联营。连城公司资产已达 5000 万元。

对企业而言，只有做到“从消费者中来，到消费者中去”，才是把工作做好的前提，也只有这样才能赢得市场。在“消费者就是上帝”的今天，用另外一种方式理解这句话，就是“尽量满足消费者的需求，把消费者的想法、需求当做企业发展的前提”。

科技含量再高，质量再好，最终都要接受消费者需求的检验，只有适销对路，才能达到消费者的满意。

满足个性需求赢得顾客赞誉

产品抢占市场的优势是市场对产品的个性需求；产品拥有竞争的优势，仍然是市场对产品的个性需求。许多企业只因抓住了这种市场的“个性需求”，抢占了先机，才拥有竞争优势的。

请看下面小故事，就明白了为什么满足顾客个性需求才能拥有竞争优势。

在一所学校旁有几家豆浆店，大部分店家的生意起起落落，时好时坏。但有一家的生意总是特别兴旺，每天客人川流不息。经过细心观察发现，原来这家店生意好是有原因的。

其他豆浆店卖的甜豆浆只提供一种白糖，但这家豆浆店却提供了三种不同的糖供顾客选择。

第一种是白糖，和其他几家并无不同。

第二种是具有滋养喉咙、保护声带功用的蔗糖，这是为教学的老师贴心准备的。

第三种就更绝了，由于学生群也是该店的主力客户，而学生特别喜欢新奇，店家特别为他们准备了黑糖，加上去整碗看起来黑黑的，喝起来别有一番滋味，学生们戏称为“巧克力豆浆”。

店家抓住了顾客的个性需求，就拥有了市场竞争优势。他们这一家豆浆店每天是“门庭若市车马挤”，每个人也都忙得不亦乐乎，而其他几家豆浆店就显得“门庭冷落车马稀”了。

从这个故事中我们得到的启示是：要满足消费者个性需要并不难，关键是能否做到心中想着消费者，一切为了消费者。

如今，用户对产品质量、服务质量的要求越来越高，用户已不满足于从市场上买到标准化生产的产品，他们希望得到按照自己要求定制的产品或服务，这些变化导致产品生产方式革命性的变化，传统的标准化生产方式是“一对多”的关系，即企业开发出一种产品，然后组织规模化大批量生产，用一种标准产品满足不同消费者的需求。然而，这种模式已经难以使企业继续获得效益，现在的企业必须具有根据每一个顾客的特别要求定制产品或服务的能力，即所谓的“一对一”的定制化服务。

企业为了能在新的环境下继续保持发展，纷纷转变生产管理模式，采取措施从批量生产转向个性化生产。

定制生产不仅进入了汽车、自行车制造等行业，而且也进入了玩具等小商品生产行业，以生产芭比娃娃著称的玛泰尔公司，从1998年10月份起，可以让孩子登录到barbie. Com网站上设计她们自己的芭比娃娃，她们可以选择娃娃的名字、皮肤弹性、眼睛颜色、头发式样和颜色以及附件等。当娃娃邮寄到孩子手上，她们会在上面找到自己事先给娃娃起的名字。这是玛泰尔公司第一次大量制造“每个都不一样”的产品。

再如，位于美国戴顿的一家化学公司，有1700多种工业肥皂配方，可用于汽车、工厂、铁路和矿石的清洗，公司分析客户要清洗的东西，或者访问客户所在地了解要清洗的东西，分析之后，公司研制一批清洁剂提供给客户使用，大多数客户都觉得清洗效果极佳，该化学公司95%的客户都不会离去。

在激烈的市场竞争中，海尔集团所追求的是产品设计的个性化，从而占据市场。

据说“海尔”设计的“能洗地瓜的洗衣机”，曾经引起了日本以及其他国家和地区某些生产商的讥笑和歧义，但是却引发了许多企业家对产品用途改进和服务理念的深度思考。

在这个崇尚个性化的时代，每个人都希望自己拥有的和别人不一样。企业应该抓住顾客的个性需要开发出不同的产品，事实上，个性化定制能快速响应客户需求，准确锁定消费群体，给企业带来极大的效应。

第七章 勇于挑战敢于创新

让企业在不断创新中发展壮大

在市场快速多变的环境中，不主动进行创新就难以跟上时代发展的步伐和人们日益增长的个性需求。那些抱着固有观念不放的企业还能够随着时代的发展进一步发展壮大吗？答案是不言而喻的。

许多企业靠规模、数量和打价格战来赢得市场，其结果必然导致公司可持续发展遭遇恶性循环，经营业绩每况愈下。许多企业走改革创新的路子，经营业绩蒸蒸日上。

山东金王集团是一家蜡烛生产商，他们的蜡烛看似平常却是一种高新技术产品。这种蜡烛用自主研制的高分子聚合物材料做成，燃烧时间达到30～40个小时，不冒烟、不流（蜡）泪。2004年，金王集团蜡烛产值超过1亿美元，一盒蜡烛的利润甚至超过一台中档彩电的价值。

这种高科技蜡烛的显著特点在于自主研发的科技含量，由此造就了一种“你有我优，你无我有”的强势局面，在这样的强势之下几乎是没有竞争对手的。

美国著名管理专家彼德·杜拉克早就对企业界发出警告，他说：“不创新，就死亡。这是不以人们的意志为转移的商品经济发展规律。”

那么，创新的重要性体现在哪些方面呢？

一、创新是企业成长成熟的灵魂

企业是有生命的机体，既然是有生命的机体就有其不变的自然规律。生物学上讲求“物竞天择，适者生存”，市场竞争讲求优胜劣汰。胜者得到发展壮大，劣者就被市场所淘汰。现在经营国际化、经济全球化，已经打破了国家与国家、地域与地域的界限，国际市场的竞争就出现在国内、省内、市内，就在企业周围展开。竞争对手就在身边，忧患意识在每一个企业经营者的脑海中时隐时现。在外部环境不太宽松，市场竞争更加激烈的情况下，企业要想长期生存，就必须要发展、进步、变更，归根结底，企业的生存之道就是不断创新。因为社会在发展，需求在变化，只有创新才能赶上时代的新潮流；科技在进步，工艺在优化，只有创新才能站到科技领域的前沿；产品在更新，需求个性化，只有创新才能占领市场。总而言之，只有创新才能使企业生存，并由此得到发展。

二、创新是企业持续发展的动力

企业能否实现持续发展，关键在于能否不断调整自身行为，跟上时代的潮流。发展离不开创新，创新是为了更好的发展。企业不仅要能在顺境中实现发展，而且要能在困境中闯过难关实现发展。要做到这一点，就要通过调整自身行为，使企业的经营战略和经营思想与外部环境相适应。每一次调整、每一次变更，都是一次创新，这种不断地推出和实施新的思想、新的管理方式、新的工艺、新的产品、新的市场战略，就能不断地实现由创新带来的经济效益，实现企业的持续发展。

三、创新是企业实现利润的保证

企业必须以实现效益最大化为自身的追求目标，而创新正是实现这一目标的有效途径。创新的过程是企业得以发展的过程，是企业优化自身行为的过程，是适应社会进步的过程，同时也是追求更大效益的过程。一个企业的创新是否成功，就要看其创新行为是否能使企业获得明显的收益。这种收益可能是现实的或眼前的，也可能是潜在的或长远的。企业的创新行为，既可以是立竿见影的短期见效的行为，也可以是为不远的将来获得更高经济效益打基础的长期行为，但是不论哪种创新行为，其目的都是为了提高企业的经济效益。

四、创新是企业技术进步的阶梯

在企业竞争日益激烈的今天，技术的生命周期越来越短，技术创新就显得尤为重要，它包括产品创新、工艺创新。产品创新侧重于劳动对象的创新，工艺创新侧重于劳动手段和相应组织管理方法的创新。

企业竞争归根结底体现在产品上，随着人们物质文化生活水平的不断提高，消费者对企业产品的需求越来越多样化，需求的变化也越来越快。哪个企业能快速实现产品的更新换代，抢在竞争对手之前推出符合消费者需要的产品，哪个企业就能在竞争激烈的市场上占有一席之地，否则就有被淘汰的危险。而产品的创新只能靠技术创新来推动，没有技术创新就没有产品创新，技术创新是企业创新的核心。

在瞬息万变的商业世界里，企业创新是一种不可避免的商业行为。任何不适应市场变化的经营模式和思想方法都会使企业在激烈的竞争中困难重重，危机四伏，只有紧跟时代的步伐不断创新，才能使企业取得长足的发展。

企业要持续发展管理要讲求实效

企业界有这样一句口号，叫做："向管理要效益"。它说明了管理对于企业的重要性。那么，如何才能向管理要效益呢？就是要求企业的管理工作随着形势和任务的变化不断改革创新，措施落实到位，以促进企业持续、良性发展，促进经济效益稳步增长。管理创新是指把一种新思想、新方法、新手段，新的组织形式引入到企业的管理中去，并取得相应效果的过程。管理创新主要是对管理体制、组织结构、决策程序、营销策划、运作方式，以及具体的管理方法与技术等方面的创新。

管理创新，就是在建立和完善扎实的管理基础工作、加强实物资源和有形资产管理的同时，不断采用适应市场需求的新的管理方式和管理方法，以人为本，重点加强知识资产管理、机遇管理和企业战略管理，有效运用企业资源，把管理、技术和制度创新有机结合起来，形成完善的动力、激励和制约机制。

奥地利经济学家雄彼德在《经济发展理论》一书中提出："创新"理论的内核是"企业家对生产要素的组合"。管理是企业发展战略中的一个重要组成部分，企业的成败很多时候取决于管理是否科学。

企业要取得效益，就必须重视并加强管理。管理涉及人员、生产、产品以及市场等方方面面，企业管理得好则人气旺盛，产品质量高，工作效率高，市场销售好，同时效益也高，节约成本，减少浪费。反之，企业管理得不好，必然人气不旺，消极怠工效率低，产品质量差，浪费严重，效益自然低下。所以，要想使管理出效益，就必须坚持管理创新。

我们曾看到许多企业由于管理不善而衰落、倒闭。IBM公司前些年也遇到了发展困境，原因何在呢？IBM公司曾一度被称为世界上最了不起产业中的最了不起的企业，但是如今它的地位已被微软和英特尔等企业所撼动。究其根源，普遍的观点认为，主要是由于公司放松了管理，撕毁了两个合约：一个是对顾客保证"优质的技术，卓越的服务，紧密的沟通”，一个是对员工保证的“工作稳定，环境优越，待遇优厚”。在20世纪80年代末90年代初，随着技术的进步以及其他企业的竞争，IBM公司采取了错误的战略：不仅取消了对顾客的承诺，而且采取了对员工的裁员措施，极大地打击了员工的士气。结果，对IBM公司产生了极大的负面作用和消极影响，从而使企业陷入困境。

IBM公司的例子告诉我们管理对一个企业的重要性，因此，只有实施管理创新，才能在不断变化的市场经济大潮中立于不败之地。

海尔家用电器，如今是中国企业界的骄傲。可是，海尔集团当初的管理却是缺乏规范性和条理性，有时甚至一塌糊涂。张瑞敏入主“海尔”后颁布的第一条制度竟然是“不许随地大小便”！这是典型的管理“从大处着眼，从小处着手”，是从普遍性和特殊性的结合点上开刀的做法！接着，张瑞敏为强化“海尔”的管理，编写了10万字的《质量保证手册》，制定了121项管理标准、49项工作标准、1008个技术标准，并且严格贯彻执行，这才保证了“海尔”一步步稳健地走向今天。

从大多数优秀企业的发展历程中可以看出，它们都有一个明显的特征：实行管理创新。无论是20世纪初福特公司创造性地发展‘生产流水线’从而大大提高了生产效率，还是通用公司建立的‘事业部’组织结构；无论是宝洁公司提出的“多品牌”战略，惠普公司提出的“非正式组织”概念，还是日本企业实施的“全面质量管理”即“企业文化论”，等等，都表明了一个企业的发展离不开管理创新。

那么，现代企业的管理创新，要重点做好哪几个方面的工作呢？

一、方式创新

处在知识经济的变革时代，企业的管理方式必须从常规阶段进入创新阶段。企业生存发展的唯一机遇存在于适时随机的变革之中，其核心在于创新。要主动把握内外因素变化，不失时机地去推进变革，强调跳跃速度与反应能力，注重主动与创业精神、远见与价值控制，依靠信息共享、虚拟整合以及企业间相互依存不断创造优势，为赢得未来市场良性竞争打下坚实的基础。

二、组织变革

知识经济时代，信息技术的发展使得知识在管理者及劳动者之间共享，企业组织等级结构已不再受到管理幅度的限制，造就了一种崭新的组织结构——扁平化的组织结构。在扁平化的组织结构中，等级型组织与机动的计划小组并存，具有不同知识的人分散在结构复杂的企业组织形式中，因此是能够减少管理层次、压缩职能机构、裁减冗员的紧凑而富有弹性的新型团体组织，它具有敏捷、灵活、快速、高效的优点，能够加速知识的全方位运转，提高组织的绩效，不但降低了企业管理的协调成本，还大大提高了企业对市场的反应速度和满足用户的能力。

三、突出全球化战略

全球化战略，就是面向全球开发与配置资本、劳动力、技术等生产资源的企业发展战略。全球化战略要求建立一套基于国际分工协作的高效生产体制，根据不同地区的技术发展水平、人才优势、金融风险和企业需要来组织技术开发、配置资本和利用人力资源，建立各种形式的海外生产基地；通过启用当地营销人才或加强培训等方式，大力培养不仅懂营销、懂外语，而且熟悉当地文化特点和消费习惯的营销人才，建立面向全球的国际市场营销体系，迅速准确地把握市场信息。

管理创新让各种资源的利用更加合理，整个企业系统的运行更加和谐高效，生产能力得到更充分有效的发挥。

完善创新体系提高创新能力

提高创新能力主要是指提高技术创新能力。技术创新是指把一种新产品、新工艺或者新服务引入市场，来实现它的商业价值的过程。技术创新的本质是追求卓越、进步、发展，它是一种通过技术改变培育新经济增长点、有效地促进经济增长的可行思路。技术创新又是一种能力，是一种体现在科技与经济相结合、市场机会与技术机会相结合的能力，是一种准确把握两个“相结合”，正确作出决策并成功地引入市场的能力。

奥普电器有限公司的成功得益于技术创新取得的技术优势。传统的浴霸需要在卫生间内吊顶才能安装，而奥普设计出了可以在没有吊顶的卫生间使用的浴霸。

浴霸灯罩与灯头间的连接主要靠胶泥粘住，时间长久了便会脱落，甚至导致爆炸。“奥普”却将灯罩与灯头间的连接改用螺丝连接，多年来从未发生脱落或爆炸事故。当其他对手争相跟进时，奥普又独创了 NBSS 红外线取暖泡，此举解决了人们对洗澡时感觉头部热、脚部冷的问题。这一技术投入市场两年后，其他对手仍无法跟进，因为“奥普”的技术实在是领先得太远。

正大福瑞达公司是一家生产眼科用药的企业，在短短的十多年时间里，已经发展成为国内最大的眼科用药生产和销售基地。

公司总裁姬彦锋在解释企业获得成功的秘诀时说，正大福瑞达公司之所以能够成功，关键就在于掌握了核心技术，他认为掌握了核心技术的企业就拥有了核心竞争力。而这项核心技术是正大福瑞达公司原总裁凌沛学教授潜心研究的成果，他在国内率先采用了生物发酵法来生产玻璃酸钠，使玻璃酸钠的产业化成为可能。另外，他们还潜心研究把玻璃酸钠作为媒介，成为眼科用药的传输载体，这就是福瑞达赖以发展的核心技术，也是其成功的秘诀。

比尔·盖茨认为，企业能否不断创新出未来技术优势，将决定企业发展的命运。所以，比尔·盖茨果断地削减自己在企业中的事务管理权限，以便将更多的时间用于关注未来的技术路线，培育“核心技术”研发队伍，创造适应时代的软件产品开发商务模式。研究微软企业的运作，不难看出其本质是集中精力，争取时间，走出一条创造微软高技术平台和技术领先的创新路线。

微软公司针对产业18个月为一产品周期的特点，曾以“18个月后微软将倒闭”的理念来增强企业危机感，加速产品创新进程；根据美国在线与时代华纳公司合并对其形成的巨大威胁，微软迅速反应，从桌面软件为目标体系向中心服务器为核心的软件管理体系商务模式转变，着力不断创出微软高技术平台产品，保持其“永远”的技术优势。微软的这种“核心技术”创新速度及创新意识值得我们深思。

随着我国市场经济的不断完善和经济国际化趋势的发展，所有企业都要面临国际大市场的洗礼和考验，都要在与同类企业的竞争中通过技术创新寻求自身的发展空间。要实现技术创新，企业就必须快速搭建自主开发的技术平台，强化培养人才措施，加大锻炼自己的技术开发队伍的力度，大胆地进行技术创新的实践。

科技投入的大小是衡量企业是否重视新产品开发的重要标志。我国不少企业对新产品开发的重视目前仍停留在口头上，并没有落实到行动上，即加大科技投入。很多大企业都注重自身的技术创新能力的提升。目前，根据行业的不同，国外企业投入研究开发新产品的费用，一般是从3%到10%，特别是高科技的行业，像生物技术、制药等行业，它们的研究开发费用一般都要占到它销售额的

10%左右。这些企业的研究开发队伍也是非常强的，所以，这些企业才能保持不断创新的能力。

企业要建立技术创新体系，技术创新要有一套班子，有条件的企业要建立科技开发中心，调动和利用各种人力、物力和财力，做好实施技术创新的各个环节上的工作，使之成为企业的全员行动，这样才会达到理想的效果。

技术创新大体分为以下三种类型：一是跟随创新，二是集成创新，三是原始创新。具体情况如下。

一、跟随创新

跟随创新就是在别人的技术成果的基础上，或者以这种技术成果为核心，在它的外围发展、创造出新的东西来；或者是在别人的创新成果的基础上，通过模仿、消化进行二次创新。

据说IBM公司在创业初始阶段，就曾以“跟随创新”策略取得了极大成功——当雷明顿公司和安德伍德公司在机械式打字机产品上开发出巨大的市场时，IBM公司利用自己在电子技术上的优势开发出了电动打字机。

IBM公司的“跟随创新”策略，不仅迅速避开了初期开拓市场的费用和风险，而且利用消费者求新的心理，获取了较大的市场份额，达到了理想的预期目的。

我国企业要想尽快缩小与世界先进水平的差距，企业的技术创新工作必须在一个较高的基点上起步。因此，在现阶段充分利用国外先进技术，通过做好引进技术的消化吸收和自主开发工作，是提高企业技术创新能力的一条快捷有效的途径。

二、集成创新

集成创新是把现有的新技术重新组合而创造出一种新的工艺、新的产品、新的东西。

集成创新的典型成果就是复印机。在复印机问世之前，所有的零散技术都是成熟的、独立的，只要把它们有机地组合起来就能变成复印机。这种将零散的独立的已经成熟的技术有效组合起来的过程，就叫集成创新。

世界上许多发明创造者都是走的集成创新的路子。集成创新有如下好处：

第一，它比从头开始的独立创新更节省时间和资金。

第二，它受现有科技成果的启发会少走许多弯路。

第三，把已经成熟的各种技术成果组合成新的技术成果，将会有更大的市场价值。

当今更需要的是面向战略需求的技术集成创新。通过创新行为，把当今世界的许多新知识、新技术创造性地集成起来，以满足国家和市场经济的需求。

三、原始创新

原始创新又叫“独立创新”，是从基础到成果全过程的技术创新，是相对独立的创新行为。企业要走原始创新之路，就必须具备自己的研究开发条件，譬如研发经费、研发人才、研发项目、研发设备等等。这对于力量薄弱的众多的企业来说是可望而不可即的，唯有那些资本和实力比较雄厚的大中型企业，才具有原始创新的能力。当然，中小企业也完全可以走自主创新之路——独立研发一些虽然项目小，但市场并不一定小的高科技产品。

世界上的优秀企业不仅是世界上最具实力的企业，而且是世界上知名的创新型企业。技术创新是企业在激烈的市场竞争中求得生存和发展的重要途径，是增强企业活力的源泉。

企业技术创新贵在扬长避短

企业，特别是一些中小企业，在技术创新的过程中，应该注意扬长避短，另辟蹊径，审时度势，采取适当的技术创新策略，在新领域走出一条发展的道路。

总体而言，技术创新要注意以下六个问题。

一、寻找瞄准市场空白领域作为技术创新的领域

当今世界经济环境错综复杂，消费者的需求丰富多彩。消费需求的变化，必然导致市场出现了许多尚未涉足的空白领域。如果在那些被大企业暂时遗忘或者忽视的领域内开拓一片市场，那么，至少在一段时间内避开了激烈竞争。与此同时，抓紧进行技术创新，尽快掌握核心技术，不断聚集能量，就可以在这个领域独领风骚。

二、积极创建技术创新的“生物链条”

自然界万事万物存在着既相互制约又相互依赖的生态平衡现象，这种现象被科技领域称之为“生物链条”。而在商品市场中，各个企业、各个环节之间也有着无形的“生物链条”。比如中小企业就完全可以根据大企业的生产项目的定位，针对市场需求，为大中型企业生产螺丝等小部件，为大型汽车生产厂家生产柴油或者其他燃料的发动机等，如此下去，企业间既保持了技术协作，又做到了优势互补，共存共荣。这种以科技创新为前提的企业“生物链条”一旦形成，既可以减少与其他企业的竞争，又可以利用其他的优势带动自身的生存和发展。

三、调整发展战略，注重跟随创新

小企业或实力薄弱的企业，千万不要在技术创新的问题上犯

“贪大求全”的错误。要考虑自己在资金、技术、设备、研发人才等方面的实际情况和各种有利因素，量力而行，通过广泛的外交联系，搜集可利用的有价值的信息，并实施对大企业科技成果的跟随创新策略。

“跟随创新”可以使力量薄弱的小企业发扬“船小好调头”的经营灵活之长，避免资金、技术、设备、人才等实力不足之短。但“跟随创新”不是对高科技的简单模仿，更不是以次充好，而是对高科技成果和大企业的创新思路通过“整合”进行的科学延伸和有效拓展，并在此基础上开发出更具新意、更有科技含量的创新产品来。

四、集中优势兵力，抢占科技高地

如果企业科研人员少，生产规模小，整体实力单薄，那么，在科技创新方面不宜四面出击。应该发挥自身特长，集中优势兵力，专注于产品科技的某一个方面，突破一点，形成强势，形成核心竞争力，逐渐把企业做大。

五、积极和科研单位结成联盟

随着产品科技含量的提高，企业和科研单位的关系越来越紧密。许多企业都主动谋求和科研单位合作，利用科研单位的技术优势，为企业的技术创新和长远发展铺路。

同仁堂药酒厂生产的国公酒虽然走俏市场，但此酒美中不足的是因其中含有不易沉淀的物质而使酒显得不太清亮，同仁堂药酒厂虽然有专业科研部门，但始终没有攻下这只“拦路虎”。在“1996 北京工业企业难题招标、高等院校及科研院所科技成果转让洽谈会”上，中国科学院生态环境研究中心拿到了同仁堂药酒厂的难题招标书。经初步试验，就达到了同仁堂药酒厂提出的澄清酒而药效不变的技术要求，此难题对于该中心来说可谓“轻而易举”！遗憾的是合作双方同在一座城市，彼此之前竟无缘相识，对酒厂来说真是深感遗憾相见恨晚。

独立的科学研究，对大型企业来说容易做到，对中小型企业就比较困难，特别是在中小型企业科技人员少，技术力量薄弱的情况下，应当借助科研单位的力量。

改变科技发展战略，加强科技合作，是企业求生存、谋发展的必由之路，早改变早主动，早合作早受益。

六、加速科研成果转化，迅速抢占市场

应以相对较小的资金投入，快速获取最新的科研成果，然后，集中优势力量，针对市场需求将其成果转化为商品，快速占领市场。科技成果迅速商品化，使一些以高新技术为导向的高科技企业群体迅速崛起，现代企业中以技术领头的新兴企业，成为代表了现代企业发展的方向。

20世纪后期，苏联科技部门对外宣布：他们已从碳蒸汽中制造出金刚石膜片。

日本国立无机材料研究所获得此情报后，立即将这项称为化学气象沉淀（CVD）的技术，通过实验发展转化为实用技术，并提供给日本企业的生产部门，从而最早地将该技术市场化。

据媒体报道，日本是在1950—1970年的20年间，就投入了100多亿美元，几乎掌握了世界各国在半个世纪内研究开发出的全部科技成果。

日本历经了两次世界大战后，国力衰败，元气大伤。经济上几乎一蹶不振，本土又资源贫乏，但日本实施的快速转化科技成果的战略措施，却节省了大量的科研时间和研发资金，从而使自己走出了一条举世公认的快速成功的科技兴国之路，并在许多领域赶上和超过了欧美许多国家。这是欧美等经济强国也始料未及的。

企业，尤其是一些中小企业充分利用自己机动灵活的经营优势，通过加速科技创新成果的商品化，来发展壮大自己。

企业要懂得扬长避短，实现在技术创新上的效益最大化。

根据市场需求进行产品创新

企业对市场的需求变化必须具有敏感性，必须根据市场的需求变化不断改进老产品、开发新产品，以促进企业的快速发展。

惠普公司的创始人戴维·帕卡德在《惠普之道》一书中写道："如果降低我们对新产品的设计和制造、对客户的服务、对新建筑物和设备等的投资水平，那么总是可以在一段时间内提高利润的。但是，从长远看，如果忽视这些方面，我们是要付出沉重代价的。我们管理的最重要任务之一是，在短期的利润收益和为将来的实力与发展而进行投资两者之间保持恰当的平衡。优秀的新产品是像我们这样的技术型公司的生命线，研究与开发的巨大努力始终是惠普公司促进产品发展的动力。多年来，公司每年用于研究与开发的开支约占销售额的8%～10%，近几年来超过了10%。"

世界上没有不老的产品，任何产品都是有生命周期的，希望利用一个产品就开起百年老店的想法是愚蠢的。产品创新是企业创新的载体，产品是企业所有活动的结晶，它在一定程度上代表着一个企业全部创新活动的结果，是企业创新的载体。产品创新是提高企业应变能力和竞争力的基本手段，也是企业可持续发展的动力和必然要求。

当今世界，新技术革命的浪潮冲击着每一个生产领域，人们对商品的要求，首先看准的是一个"新"字，谁能抢先生产出新品种，谁就能赢得顾客，占领市场。

人们对陈旧商品不愿买，对新颖商品找着买。比如日用消费品，顾客注意在款式、花色、时尚、格调、装潢等方面追求与众不同。

企业要使产品常新，就需要信息灵敏，善于应变，加强开发，转产迅速。企业要及时掌握市场信息，根据市场情况及时转轨变向，新产品的研制、试产、上市，要只争朝夕，“捷足先登”。如果顾客看中某种新产品，在市场上却长期买不到，老是“望洋兴叹”，难道他能等数年再买吗？如果不迅速，其他企业的同类产品早就占领市场了，这时你的“新”产品才姗姗上市，那不是“正月十五贴门神——为时已晚了吗”！

产品要随着市场需要的变化而发展。在很多情况下，只有新品种、新功能才能够满足市场上日益增长的需要。如果抱着老产品不放，便会失去竞争力。因此，品种对路是提高市场竞争能力的前提，日本索尼公司就是一直把“做别人没有做的事，研制全世界都能接受的新产品”的口号，作为经营管理的方针。试制新产品，改进老产品，产品不能老一套，一定要不断地更新换代，要经常有新的品种拿到市场上去。

企业获利水平取决于新产品开发的成功率。新产品开发是一个复杂的过程，需要投入一定的人力、物力、财力和时间，并非任何一个企业开发每一件新产品都能获得成功。在美国每年大约有1.3万余种新产品问世，其中仅有一小部分销量可观。美国泰森食品公司的老板丹·泰森如是说：“开发新产品就像玩棒球。你不可能每次都击中目标，但作为一个优秀的棒球运动员，平均击球分数应该高。”

减少新产品开发中的失误是企业应该认真对待的问题。那么，开发新产品应该遵循哪些原则呢？

一是围绕市场开发。企业一切经营活动的出发点和归宿点是满足社会上消费者的现实需要，创造和挖掘消费者的潜在需要。因此，新产品的开发应当围绕市场来进行，而且日新月异的社会需要也为企业开发新产品提供了广阔的天地，成为激励企业开展研发活动的源泉。因此，企业在新产品开发之前，首先应进行细致周密的市场调研，了解社会上消费者的需要，发现社会上消费者的潜在需求，洞察社会需求的发展趋势，并将这些信息融入企业的新产品开发、设计工作之中，从而提高新产品在市场上获胜的几率。

二是注重实效开发。随着社会消费需求的变化，新产品的发展趋势表现为多功能、微型化和系列化。多功能是指一种产品具有多种功能；微型化是指产品小巧轻薄细，具有设计独特款式新颖，价格适中精美耐用，便于携带易于保存，少占空间方便灵活等优点；系列化是指产品大、中、小规格一应俱全，具有性能稳定，质量可靠，用途广泛，结构合理的特点。

例如，娃哈哈果奶上市之前就面临着发酵型和配制型两种制作方法的选择。发酵型生产的果奶口感好，营养丰富，是世界先进的果奶制作法，国内已有一些厂家采用这种制作方法，而配制型制作法比较简单。经过市场调查，发现发酵型固然有优势，但酵母要进口，费用昂贵；制成的果奶要冰柜贮存，保质期也只有 1 个月；没有冰柜的小批发商自然要望而却步，销售网络的萎缩必然带来市场的萎缩。而配制型果奶成本低，不靠冰柜也可存放 5 个月；还可以配制出多种孩子喜欢的口味。娃哈哈集团采用配制型制作方法生产的娃哈哈果奶上市后一炮打响。

三是重点开发更新换代产品。对企业来说，现有的主要产品实际上已经具有相当规模的市场和相当数量的顾客，所以，对更新换代产品开发成功后的市场规模及本企业的市场占有率还是容易预测的。再说产品的改进，如果与开发全新的产品相比，研究开发时间短，以失败告终的风险也小。因此，企业把重点放在现有产品的改进上，能够有效地防范风险。然而，竞争对手的企业也在为改进产品进行研究开发，所以，改进产品的研究，成功的关键是研制出不同于其他企业，更适应消费者需求的具有新特征的产品。

四是因势利导开发。企业在进行新产品开发时，在充分考虑市场需求和竞争的前提下，必须针对自身条件，扬长避短，开发出能够充分发挥企业优势的新产品。每一个企业在人员素质，技术条件，财力状况等方面既有优势，也存在与竞争对手相比处于下风的不足之处。有鉴于此，企业的经营者要充分利用企业的有利因素用于新产品的开发，形成自身的优势，因势利导开发具有投资少，见效快的特点。

因势利导开发新产品主要有以下三种方法：首先是增强产品原有功能，扩大和延伸原有产品的用途；其次是改进工艺流程，运用新材料，采用新配方，提高产出率；第三是将几种不同产品的功能长处聚集到一种新的产品上。认准市场，采用这些方法会起到事半功倍的效果。

五是提高新产品开发的效率和速度。开发新产品必须要有强烈的时间概念，错过技术或产品上市的时间，再好的东西也会因随行就市而收益大减。因此，企业要把握好新产品上市的时机，抢在竞争对手前面一两步，才能有效地防范风险。在新产品开发过程中，可能会遇到一些事先难以预料的问题，企业就要以更高的要求来规范自己。为确保新产品开发的效率和速度，必须从各部门调遣最合适的人才，组织跨部门的项目攻关小组，确定研发进程，高效率地开展工作，同心协力，全力以赴，一定要按时拿出成果。

六是合法开发。所谓合法，就是企业开发的新产品必须符合国家的有关规定，并尽量采用国际标准。在企业生存的环境中，许多因素（如社会文化、经济条件、政治法律等）对于企业的营销活动会产生“不可控制”的影响，企业往往是在这些因素的制约下进行经营活动的。因此，企业在进行新产品开发时，应注意了解国家有关环境保护、食品卫生、劳动保护、专利和商标保护等方面的法律法规，保证所开发新产品的合法性。企业开发新产品，不仅要考虑到企业自身的经济效益，还要考虑到社会效益。另外，随着世界经济一体化进程的加快，企业应尽量采用国际标准生产，这样才会使产品易于进入国际市场，参与国际市场竞争，缩短与世界先进水平的差距。

消费者都有追新的特质。因此，我们必须经常不断地迅速进行产品的更新换代，真正做到“市场销售着新产品，企业研发着替代品”。眼睛盯着需求变化，心里想着市场未来。

出奇制胜赢在创意

企业的胜利在一定意义上讲是创意的胜利。企业在经营过程中，一定要懂得出奇制胜，这样才能为企业赢得发展空间。

英国作家吉卜林在《暴风雨中的歌》中有一句名言：“一场比赛的意义并不仅限于比赛的双方。”让外界来关注比赛的双方才是最重要的。制造新闻，引起新闻界的关注，利用新闻媒体自觉地对企业进行宣传报道，是企业赢得曝光率和知名度的一种有效形式。

请看一个故事。

1997年5月3日，美国电脑业巨头IBM公司再度安排了一场“人机大战”，把从20世纪80年代走遍天下无敌手的俄罗斯国际象棋大师卡斯帕罗夫请到纽约，与该公司开发的超级计算机“深蓝”对弈。经过10天激烈对抗，深蓝以两胜一负三和的战绩把卡斯帕罗夫拉下棋王宝座。卡氏虽然失败了，但他仍是当今无愧的棋王。现在看来，获胜的不是象棋理论，不是象棋科学，而是国际商用机器公司——

电子计算机的主人。该公司的发言人说，决赛虽已成为现代化计算技术的辉煌胜利，然而，整个过程更像是为这家大公司精心创意的广告的胜利。

据初步统计，整个比赛IBM公司花了近500万美元。然而，由于传媒的众多报道，为公司节约了大致1亿美元的广告费，几乎没花钱就使自己的形象增添了新的光彩。IBM公司发言人谨慎地说，难以断言“深蓝”名声大噪对增加销售额有什么影响。不管怎样，所进行的广告战和“深蓝”的胜利已带来初步物质成果：比赛第二天，纽约证券交易所该公司的股票价格就上升了3.6个百分点，每股为173.5美元，只差一点没达到早在1981年8月创下的174.75美元的纪录。

在广告宣传领域需要创意，在产品开发的过程中也是如此。一个产品如果有了新的创意，便会很快进入市场，在这方面成功的事例不胜枚举。

前两年，感冒药的竞争相当激烈，什么“康泰克”、“帕尔克”、“感冒通”，等等，几乎个个身手不凡，几乎都有相当的知名度。要想在这其中再求得一席之地似乎已很困难，但江苏盖天力制药公司以新的创意开发，生产出“白加黑”感冒药，一盒感冒药有12片，8片白的，4片黑的，白天服用白片，晚上服用黑片；白片只有消热息痛作用，不会产生嗜睡；黑片主要是抗过敏，让患者好好休息。这种产品一进入市场就受到消费者的青睐。

美国加利福尼亚州有位牙科医生，研制出一种可以换跟的女式皮鞋，在鞋体和鞋跟连接处安上金属卡子，并配有几副高低不同、形态各异的备用鞋跟，购买者可自行换跟，以满足各种场合的穿着需求，这种鞋在纽约新商品展览会上首次亮相，便产生了轰动效应，美国各大超市纷纷订货。来自欧洲、亚洲的问询也接踵而至。这位牙科医生因此获得专利，并开办了一家皮鞋厂。

产品的新创意会带来新的市场机会，然而，新创意从何而来呢？新创意的来源很广，主要包括技术人员、顾客、中间商、推销员、专利员等。日本的一些企业创造出请“上帝”搞设计的做法值得借鉴。三洋公司设立了小家电事业部，常年聘请20多位家庭主妇每周一次来公司侃谈。既对现有的公司或市场小家电产品评头品足，同时又无拘无束地畅谈自己的种种要求和希望。新改进或开发的产品出台前，公司先请这些家庭主妇逐一试用，并且进一步评议优点和缺点，提出新的要求和建议。如此反复地进行，使公司设计人员不断地开拓思路、完善设计、改进和优化产品。所以，新产品开发项目多、速度快、创造性显著，投放市场后显示出了质量的过硬和成熟。

企业一定要注重出奇制胜，善于运用一些非常规的手段赢得市场竞争的优势。

第八章 顺势借力争取先机

企业管理者要有决断力

一个人能否成就一番事业，关键是看他是否改变命运的“主意”和决断力。美国第三任总统杰斐逊说过：“当你有一个伟大的主意时，就赶快决断吧。”认准了一件事，如果赶快付诸行动，努力探索，意志坚定，成功就有50%的希望；如果你的好主意只停留在嘴上，成功的机会连1%也没有，更不要说成大事。只有认准方向，积极行动的人，自己的命运才会随自己改变。

古人有句话说得非常好：“谋在于众，行在于独”，把握时机，当机立断。对于一个企业主管来说，必须要有相当强势的决断能力。分析利弊是大家的事，权衡利弊是主管的事。事情往往不能两全，有利就有弊。管理者的大气魄集中体现在：适时决断。“该断不断，反受其乱”。一个不成功的管理者，往往败在瞻前顾后，举棋不定，无法抉择。

随着新技术革命浪潮的不断兴起，人类社会的知识总量也在急剧地增长，企业将会碰到大量的问题，需要及时地作出正确的抉择，否则就要贻误时机。这就需要管理者的决断魄力。任何一个决策都有同等的风险，重大的决策伴随着重大的风险，那么如何看待这个问题呢？难道说“一看、二慢、三通过”就没有风险了吗？不是的，在你拖延的过程中，就可能产生意想不到的风险，甚至有的企业因此而丧失了生存的机会。所以，决心一下就要坚持到底，有时不怕风险说不定就没有造成风险的因素了。

商场上的每一次决断都有风险，关键时刻你要落下哪一个“棋子”，敢不敢落下这一个“棋子”需要勇气、经验和智慧。在处理重大问题的时候，需要管理者大胆进行决断、切忌优柔寡断。

20世纪50年代，在美国摩托车市场上，美国人哈利·戴维森的哈利牌大型摩托车占据主导地位，英国的诺顿·凯旋以及德国的BMW等摩托车公司也占据一定的市场份额。10年后，日本企业本田开始向美国市场渗透，本田摩托车公司制定了一套具有明显差异的扩展摩托车需求的策略，其要点就是发展轻便摩托车，并直接针对新主顾做广告。

稳定而平静的美国市场，突然受到了来自日本摩托车制造商的入侵，面对这种局势哈利·戴维森毫无反应，至少是很长一段时间之内毫无反应。哈利·戴维森认为自己是大型摩托车行业当之无愧的领导者，所有美国警察部门都使用这种摩托车，也正是由于这一点才导致哈利·戴维森高傲自大，缺乏理智，对“本田”在美国摩托车市场的渗透视而不见，袖手旁观。

当哈利·戴维森终于认识到“本田”的出现并非对他不构成丝毫威胁时，本田摩托车已成为市场上一支新生力量。到20世纪60年代后期，“本田”在日本制造商中依然遥遥领先，其占据的地盘比预想的大得多。

针对2500名创业失败者的调查报告显示，在众多的失败原因中“不能作出正确的决策”高居榜首。另一份针对百万富翁的调查报告显示，他们都有“迅速果断地作出决定”的习惯。

企业每时每刻都处在众多的十字路口，且走不同的路的结果是大相径庭的。其实，每个企业所面临的抉择是一样多的，只不过成功企业正确的选择多一些而已，所以才走得远一些，失败的企业往往是在重大抉择面前选错了道路。

决断不等于武断，它需要决策者掌握切实的信息与情报，准备细致完备的方案。决策者要善于运用自己的信息与情报，善于调动企业整个管理层的积极作用，并认真听取全体员工的意见。

成就一个企业具有多方面的因素，其中果断决策是一个重要因素。在商场上当商机来临的时候，是否能把握住这个机会，是否有能力作出果断而合理的决策，及时出击去争取最佳效果，这是一个企业成败的关键。

顺势领先一大步提前占领制高点

一个企业的占领制高点战略就是在技术、成本或市场方面获得优势地位，让对手望而却步，难以企及。

在实施占领制高点战略方面，华为公司做得比较出色。

华为公司于 1988 年以 2 万元在深圳注册，起初只能做代理，到了 2010 年，华为公司的销售额已经达到 1852 亿元，是什么让华为公司得到如此飞速的发展？重要原因之一就是占领了技术制高点。华为公司有个著名的压强原理，充分表达了他们以占领技术制高点为突破口的战略思路。比如，它们把代理销售取得的点滴利润几乎全部集中到研究小型交换机上，形成局部突破之后逐渐取得了技术和利润领先的空间，技术领先带来了机会和利润，他们再将积累的利润投入到交换机的升级换代产品的研究开发中，如此周而复始，不断改进创新。正是在这种明确的战略思想指导下，华为公司在多个产品上走到了世界前列。

占领制高点的优势是明显的，能给企业带来的效应和收益也是明显的。

首先是声誉。率先行动的企业可以确立开拓者或领导者的声誉，这是模仿者难以模仿的。领先者的地位至少可以暂时把企业置于独一无二的地位，如此地位可以带来其他竞争对手难以得到的长期形象上的荣誉。

索尼公司在电子产品领域里就树立起领先者的形象。它创造了许多世界第一：生产出世界上第一台晶体管收音机，世界上第一台微型电视机，世界上第一台单枪单束显像管的彩色电视机和世界上第一台小型录像机。尽管这些产品大都是通过购买美国专利而生产出来的，但是它慧眼识珠，抢先一步占领市场的意识是坚定的，它所购买的晶体管专利技术仅花了2.5万美元。当时美国人对电子管津津乐道，根本没有看得上晶体管，当索尼公司以晶体管收音机取代电子管收音机时，美国人为之震惊，然而悔之晚矣。

其次是市场。率先行动的企业可以领先占据有吸引力的市场位置，迫使竞争对手跟在后面追，如果你不满足占领已有的市场，连续不断地更新换代，开发以前没有的新市场，竞争对手就会疲于奔命，甚至屡屡受挫；好比一个不断变化的目标，与一个相对稳定的目标相比往往难以击中，这样你就会建立起自己在经营上的优势。

美国国际商用机器公司（以下简称IBM）为抢占市场，频频推出价格诱人且性能更新的电脑。拿个人电脑来说，IBM先推出带有硬磁盘装置的“PC/XT”，用户可用它储存数量达5000页的文件或资料；接着，又很快推出装有全新微处理机的“PC/AT”，令竞争者目瞪口呆。在一次计算机展销会上，“PC/AT”一路绿灯，竞争者未敢拿出任何产品向“PC/AT”挑战。IBM抢占市场策略使竞争者严重受挫：“雷生”公司被迫清理自己的数据分析系统，其税后损失达9500万美元；“加文兰”、“奥斯本”、“维克多技术”、“富兰克林”等公司甚至对自己该生产什么产品都感到茫然；苹果公司伤感地说："个人电脑被一个大圈（指 IBM 频繁更新产品）套住了"；美国《华尔街日报》发言人说：IBM 的 T 系列计算机"迫使竞争者重新思考自己的产品和出路"。

再次是利润。在某些行业中，率先行动者可以从其所处的地位享受到暂时的高利润，特别是高新技术发展的速度与商业利润的增值已呈正比。这是信息化社会的必然趋势，能够在市场上捷足先登者，常常能够取得丰厚的利润。像英特尔公司、微软公司这些高科技领域的佼佼者，其销售利润大大高于同行业的平均水平。

每个企业都想占领制高点，领先别人一步。但这里需要强调两点：一是采用领先战略是有条件的。比如说自身要有很强的实力，小型开拓者常常被后来者压倒，它们只是为别人铺路，它们丧失领先地位并不是因为不存在率先行动的优势，而是因为它们不具备利用这些优势的资源。二是采用领先战略是有风险的。率先行动者面临着未来需求的不确定风险、买方需求变化的风险、技术突变的风险及低成本模仿者竞争的风险。此外，还有自身技术上不成熟的风险。例如，在 1982 年推出的第三代苹果电脑是一个创新型的产品，但是由于抢先上市，有很多小毛病还未消除，导致潜在顾客纷纷转向其他品牌，结果该产品成为苹果电脑产品中的大败笔。

总之，企业要想占领制高点，一定要量力而行，根据自己的实际情况，考虑周全，稳妥推进。

提高速度以快制胜

信息时代时间就是金钱。企业为了获得超额利润，产品创新层出不穷，新产品推出后浪接前浪，创新周期也逐渐缩短。

青岛海尔集团平均一天申请一项专利；美国电报电话公司设计一种新电话从过去的两年缩短到一年；英特尔公司最先研制出字长 4 位的微处理器并组装成世界上第一台微型电脑不过是 20 世纪 70 年代初的事情，到 20 世纪 80 年代以后微型电脑从 286，386……到奔腾系列，其字长从 4 位、8 位、16 位到 32 位，大约每隔两年就有一次重要的技术突破。高科技前沿的信息产业中的软件产品，其更新换代速度惊人之快，简直令人目不暇接，让人惊诧不已。

所有这些，企业都是为了以最快的速度推出最新的产品以获得高额利润。一种商品各家都有，在同新同价的情况下，“早”便是竞争取胜的重要条件，谁先进入市场谁就能控制市场的制高点。

因消费者需求的多样化越来越突出，厂家为了更好地满足消费者的需求，便不断推出新的品种。日本著名企业家盛田昭夫曾说：“企业本能就是要使自己的产品过时变旧。如果我们自己不这样做，我们的竞争对手也会迫使我们的产品成为过时的东西。”

在服务行业，速度更是制胜的唯一秘诀。

据报载，美国洛杉矶市飞机场再忙，也不会忘了给联邦速递服务公司准确地运送货物，因为这家公司对服务方式精益求精、费尽心机。他们把机场的通讯、传递站场、运输方式与本公司的命运联系在一起，极力保障速递公司的信件、邮包以最快的时效、完善的服务送到客户手中，争取在邮政快递业务中“以快击慢”击败对手，赢得广大客户的信任。

联邦速递服务公司老板史密斯早年读书时，寄邮件回家迟迟不见回音，他立志改变邮政传递迟缓的局面。在服务手续、运送传递环节上大做文章。毕业后，史密斯加盟组建了联邦速递公司。既然是速递，就必须以“快”字为业务目标，

史密斯成功的第一步就是设立了“70 磅重以下的包裹保证隔日

送到”这一目标。许多顾客自然是求之不得。他们都是花钱买时间的一族，自然就成了史密斯事业的支持者。

然而“利高则从者众”，联邦速递服务公司的可观效益引出了许多竞争对手，一些私营企业主不惜血本，也创办了隔日送达邮件的速递公司，这对史密斯是严重的挑战。

史密斯在限时投递运输的环节上做了不少工作，使用了无线传真技术服务项目，顾客有加急投递的，可以先将货单传真给对方，货物随后就到；有的仅仅是为熟悉某项内容的客户，可以交一笔查询费，速递公司每膈两小时进行一次信息投递。

令人叫绝的是，联邦速递服务公司开通了当天送达的投递服务项目，庞大的运转中心由机器人担任邮件分类运送的工作，快速的服务成了该公司又一次独占快件邮政鳌头的资本。许多私营企业虽然有雄心赶超联邦，毕竟在时效性上差一截，所以很难占据魁首地位。

这就是联邦公司的经验，这就是以快制胜。

在这个高度注重速度的社会里，企业一定不要忽视速度的作用，一个跑得快的企业才能在行业中取得竞争优势。

把握现在展望未来

企业仅仅经营好现在是不够的，企业必须有深谋远虑，有长远规划，随时把握所在行业的发展趋势，只有这样，才能适应未来的变化，做到“把握现在，展望未来”。

瓦士康塞洛萨曾说过：“每位公司经理人都必须是既经营‘现在’又经营‘未来’。如果只经营‘现在’而忽略了‘未来’，一旦环境变迁公司很快就会过时；如果只专注未来而忽略了现在，那么公司永远也走不到遥远的未来。所以企业的管理者既是经理人，可以经营‘现在’公司，也必须是创业家，能够创造‘未来’公司。经营者永远的难题就是协调现在和未来的关系，只有把‘现在’与‘未来’的公司都经营好，才算是完美表现，否则工作只做了一半。”

随着社会的发展，随着人们物质生活水平以及精神层面的科技意识、环保意识、健康意识乃至文化欣赏水平的不断提高，人们对产品的品种、品质的要求也会越来越高，这种需求又进一步地刺激着企业去主动强化自己的超前意识，积极开发新产品来满足市场的新需求，进行下一轮的竞争。

当然，企业有了超前意识后，也会以超前的眼光开发出市场暂时没有而将来必定会有甚至会有大批需求的新产品问世，这又反过来刺激、诱导着消费者的消费需求，从而引导着市场的发展。

譬如，日本丰田汽车公司就有“生产一代、储存一代、开发一代”的超前意识，即车间生产着现在市场大量需求的一代汽车，设计部门还储存着比这一代更先进的汽车研究成果，而科研部门还在研制着比已经储存起来的更先进、更超前的未来汽车。这种超前意识，是参与汽车市场竞争的动力及源泉。

企业要保持长盛不衰，就要视今天的产品为落后的产品，不能停留在今天的水平上，要不停地超越自我，超越目前。一个企业陶醉于往日的成功，竞争对手很快就会赶上来，这种企业迟早会被淘汰出局。

企业的着眼点在企业的长远利益，而不在眼前利益，企业应该有这样的气概：为了长远利益，为了未来，放弃一部分眼前利益。

美国英特尔公司 1982 年刚刚研制出 286 芯片时就采用了目光长远的经营策略，允许仿制 286 芯片。在近十年内，仿制的 286 芯片在利润和市场份额上甚至超过英特尔公司，但是这种策略培养了一个迅速壮大的新市场，为英特尔公司更新产品的推出奠定了良好的市场基础，同时牢固树立了英特尔在微处理器行业标准制定者的地位。386 推出时，英特尔开始捍卫知识产权。486 及奔腾芯片推出后，英特尔的市场份额迅速扩大。1994 年销售额突破 100 亿美元。

这种暂时放弃一部分近期利润，最终以更新更优的产品去获取更大利润的经营策略，要求企业有长远的“利润观”，要注重培育潜在市场，要有超越自我的气魄和勇气，更需要有强大的技术力量作后盾。这样做的结果是逼着自己在新产品开发和生产能力的提高上都走在竞争者的前面。过去英特尔一直习惯于在开发完成一代产品后，再转而开发下一代产品。可是基于激烈的市场竞争，英特尔认为唯有加快发展新科技和新产品，才能真正地领先，于是从 486 开发完成后，英特尔就同时进行 Pentium 处理器与 P6 的开发设计，这个新策略对英特尔以后在技术上超越所有的竞争者，具有特殊意义。

急功近利的人只看重眼前的利益，只相信“到手的利益”，有眼光的人从来不只顾眼前利益，而是为未来做“长线投资”。在必要的时候，他们能够舍弃眼前以求长远，所以他们就能够赢得未来。

企业要紧紧抓住潜在的顾客和未来的利益，抓住先机，把自己置于领先地位。

看准新产品上市的最佳时机

对于一个企业来说，机会常常是腾飞的转折点，是成功的助推器。只有抓住机会，企业的经营谋略才能奏效。机会存在的内涵是一定的市场需求，机会存在的外延是特定的时间阶段，企业必须在某种需要出现的那段时间，迅速采取有效的行动。

人们在生活中对很多商品的需求都是有时间性的，而有的商品也有自己的销售旺季，因此企业要做到“货卖当令不违时”，就像服装业每逢过季都会打折一样，任何产品推向市场都有一个最佳时机的问题。

无论何种新产品，研制出来后总要推向市场，接受消费者的品评。然而，将新产品推向市场并不是一件轻而易举的事，新产品的失败概率是比较大的。在美国新产品的失败中，消费品为46%，工业品为20%，服务业为18%。导致新产品失败的因素很多，其中有些是由于决策者不善于把握有利时机，结果使本来十分出色的新产品由于“生不逢时”而功亏一篑。因此，营销专家告诫企业家说：“你的产品可能是世界上最好的，但是，如果它们不是在顾客需要的时间和地点出现，那么它们就一文不值了。”

正确确定新产品上市时机，不外乎以下三种情况。

第一，先于竞争者上市。企业在新产品研制出来以后立即上市，出奇制胜，占有“先入为主”的优势。企业率先向市场推出新产品，这时由于同类产品的竞争者很少或几乎没有，或潜在竞争对手的条件尚不成熟，企业可以争取到自己的顾客和销售商，迅速占领市场。但是企业要为此花费大量的宣传导入费用，独自承担市场开拓的风险。

第二，同于竞争者上市。企业通过与竞争对手同时向市场推出同一新产品，可以分散风险，降低宣传导入费用。但由于与竞争对手共占市场，同享利润，企业间竞争会更加激烈。大多数企业均采用这一方法推出新产品。

第三，迟于竞争者上市。有些企业虽然新产品已经成熟，但决策者却迟迟不予推出。他们之所以这样做，就是为了赢得更多的时间进行市场调查，将风险转嫁给竞争对手，尽量减少上市失败给企业带来的损失，使企业产品在市场条件成熟时一炮打响。

向市场推出新产品，必须准确把握市场机遇，恰逢消费者需要之时推出，方能使新产品与市场融为一体，从而牢牢地占领市场。

在新产品推向市场的时间上，有的产品早了不行。例如，1983年，日本体育器械企业“戈比”研制出一种新产品——用数字显示体力的室内运动型自行车。但在其试销过程中，问津者极少。因为当时体育运动在日本人生活中地位较低，因而没有形成对运动器材的需求。于是，“戈比”果断决定退出市场，等待时机。1988年，日本的经济实力大增，日本人的生活水平明显提高，国民“体育健康热”开始出现。“戈比”看到此时时机已成熟了，便顺势将此新产品推向市场，使其一举成为畅销品，销售量扶摇直上。

有的产品上市迟了不行。这就要求把握好市场时机，选择好研制、开发的起始时间及产品投入市场的时间，争时间抢速度，尽量缩短开发周期，及时地进行产品设计、试制、生产，尽快地将产品投入市场。不能没有时间观念，否则，可能错过有利的市场时机。一种产品开发本来需要半年或一年，如果花了三年、五年才开发出来，其时间的浪费可谓惊人，某种产品当前或近期市场很需要，但过了较长时间才开发出来，这时市场已时过境迁或已经饱和了，也同样会错过有利的市场。

再有，不要在不适宜的时候投放市场。例如，美国福特公司花费10年时间和5000万美元研制的“埃德塞尔”汽车，尽管做了大量的市场调查，借助各种传媒宣传，终因产品推出时正逢大萧条时期，使该车的销售额不及计划的五分之一，福特公司因此遭受了巨额损失。

企业在选择产品上市时，要有合适的产品导入方法。企业在向市场导入新产品时，往往以铺天盖地的广告宣传，但广告不是万能的，而且广告费用较大，中小企业难以承受。有效的导入方法很多，借体育活动导入产品就是一种方法。例如，耐克公司在创业初期由于知名度很小，又面临强大的竞争对手，企业面临困境，这时公司想出了为参加世界体育大赛的运动员提供运动鞋借以宣传企业产品的促销方法，花费不多便使耐克鞋身价百倍。

商场如战场，选择最佳推出产品的时机是企业向市场导入新产品成功的关键因素。

借风使船顺势扬帆

危机是企业前进中的绊脚石，然而，我们既可以把它搬开或绕道而行，也可以把它当作向上发展的垫脚石。危机里面有商机，关键在于如何去看待与把握住它。

耐克鞋是全球著名品牌，谁知著名的耐克鞋曾经在一次奥运会上现丑。

一名运动员正在紧张地比赛时，脚上穿的耐克鞋底突然掉下，弄得这名运动员狼狈不堪，耐克鞋掉底事故震惊了整个赛场。

这“丑”现在了万众瞩目的赛场之上，环境特殊，时间特殊，因而举国震动，万众哗然。因此，此事件被媒体称之为“耐克鞋饮恨绿茵场”。

但是，耐克公司却抢在“第一时间”内，对“掉底”事故作出了最恰当、最科学的反应。他们在处理这一众目睽睽下的危机时，虚怀若谷，坦诚检讨，举措得当，显示出了杰出企业家的超凡智慧和大企业的宏大气度，最终将这一事件化险为夷。同时，企业管理者借处理事故之机，发扬光大了“耐克”的声誉。

偶然事件，常常令企业难以招架，它不仅会扰乱企业的正常工作秩序，而且可能导致更大的危机，企业应该运用创新思维方法，把坏事转化成好事。

请看下面这个故事，具有一定典型意义。

美国联合碳化物公司投巨资兴建了一座52层高的摩天大厦，大厦竣工后举行落成典礼，遍请新闻界的朋友对大厦进行宣传。然而，正在公司紧锣密鼓地筹备典礼的时候，意外的事情发生了。原来，一大群鸽子看中了这座大厦。集体飞进了大厦，在里面安营扎寨，到处飞舞，弄得整座大厦羽毛横飞，鸽粪遍地。而典礼的日期日益迫近，如果容忍这些鸽子在大厦内居住，不但会破坏典礼，分散来宾的注意力，而且还会搞脏了大厦，对日后销售肯定不利。

怎么办呢？如果发动员工一层层、一只只地去捉鸽子，在短时间内根本做不到；如果用高科技手段驱逐鸽子，需要付出一大笔额外资金；如果采取捕杀的手段，不但违法，而且还要遭到动物保护委员会的抗议，甚至会搞得公司声名狼藉。最好的办法是借着鸽子的名气，宣传自己企业，宣传这座大厦。

思路定下之后，他们立即策划具体方案：首先用电话通知动物保护委员会，说有一大批鸽子误闯本公司大厦，请他们立即派人前来协助处理。动物保护部门接到通知后，马上派出人马，带着必要的工具来到公司大厦，帮助将这些鸽子移到它们应该去的地方。

接着通知各家新闻媒体：在本公司新落成的大厦里，将有一场十分有趣味、又有新闻价值的故事发生。新闻机构闻风而动，电台、报纸、电视台等媒体记者纷至沓来，汇集到52层高的大厦里，抓取动物保护委员会在大厦内为保护而捕捉鸽子的新闻，同时也采访了公司关于这座的大厦的有关情况。

捕捉鸽子的闹剧在联合碳化物公司开展了三天，才算把最后一只鸽子安全地捉进了网内，而各种关于捕捉鸽子的新闻也足足报道了三天。这座新盖的52层大厦的有关信息，也随着这群“造访”的小鸽子而传遍美国千家万户。

本来准备花钱做宣传的美国联合碳化物公司因为意外的“鸽子事件”节约了一大笔开支，扩大了宣传效应。真是巧借“鸽子事件”，坏事变成了好事。

在对待危机时，往往有两种不同的危机观：一种是机遇观，另一种是毁灭观。危机既有毁灭性的一面，又有机遇性的一面。

当企业出现某方面的危机时，除了积极采取补救措施之外，更应该做的是借机将坏的情形扭转过来，将危机转化为商机。

第九章 周密规划谨慎执行

认真规划企业的战略目标

战略目标是对企业战略经营活动取得预期主要成果的期望值。战略目标的设定是企业宗旨的展开和具体化，是企业宗旨中确认的企业经营目的、社会使命的进一步阐明和界定。

有位美国学者指出：“一个机构没有战略目标就好像一条船没有桅杆，只能随波逐流或原地打转；就好像一条没有罗盘的航船，不知该往何处航行。”企业战略目标用关系到一个企业的兴衰存亡。

那么战略目标与其他目标相比，具有哪些显著特点呢？

一是宏观性。战略目标是一种宏观目标，它是对企业全局的一种总体设想，其着眼点是整体而不是局部；它是从宏观角度对企业的未来作一种较为理想的设定，提出的是企业整体发展的总任务和总要求，规定的是企业整体发展的根本方向。因此，企业战略目标总是高度概括的。

二是长期性。战略目标是一种长期目标，它的着眼点是未来和长远。战略目标是关于未来的设想，它所设定的是企业职工通过自己的长期努力奋斗而达到的对现实的一种根本性的改造。战略目标所规定的是一种长期的发展方向，所提出的是一种长期的任务，是要经过相当长的努力才能够实现的。

三是相对稳定性。 战略目标既然是一种长期目标，那么它在其所规定的时间内就应该是相对稳定的。战略目标既然是总方向、总任务，那么它就应该是相对不变的。这样，企业职工的行动才会有一个明确的方向，大家对目标的实现才会树立起坚定的信念。当然，强调战略目标的稳定性并不排斥根据客观需要和情况的发展对战略目标作必要的修正。

四是全面性。 战略目标是一种整体性要求，它虽着眼于未来，但却没有抛弃现在；它虽着眼于全局，但又不排斥局部，科学的战略目标是对长远利益和眼前利益，局部利益和整体利益的综合反映。科学的战略目标虽然是概括的，但它对人们行动的要求，却又是全面的，甚至是相当具体的。

五是可分性。 战略目标作为一种总目标、总任务和总要求，是可以分解成某些具体目标、具体任务和具体要求的。这种分解既可以在空间上把总目标分解成一个方面又一个方面的具体目标和具体任务，又可以在时间上把长期目标分解成一个阶段又一个阶段的具体目标和具体任务。人们只有对战略目标进行分解，才能使其成为可操作的东西。可以这样说，因为战略目标是可分的，因此才是可实现的。

六是可接受性。 企业战略目标的实施和评价主要是通过企业内部人员和外部公众来实现的，因此，战略目标必须被他们理解并符合他们的利益。但是，不同的利益集团有着不同的甚至是相互冲突的目标，所以，企业在制定战略目标时一定要注意协调。一般的，能反映企业使命和功能的战略目标易于为企业成员所接受。另外，企业的战略目标表述必须明确，有实际的含义，不至于产生误解，易于被企业成员理解的目标也易于被接受。

七是可检验性。 为了对企业管理的活动进行准确的衡量，战略目标应该是具体的和可以检验的。目标必须明确，具体地说明将在何时达到何种结果。目标的定量化是使目标具有可检验性的最有效的方法。但是，由于许多目标难以数量化，时间跨度越长、战略层次越高的目标越具有模糊性。此时，应当用定性化的术语来表达其达到的程度，要求一方面明确战略目标实现的时间，另一方面须详细说明工作的特点。

八是可激励性。目标本身是一种激励力量，特别是当企业目标充分地体现了企业成员的共同利益，使战略大目标和个人小目标很好地结合在一起的时候，就会极大地激发组织成员的工作热情和奉献精神。

企业的战略目标是企业的未来发展方向，因此，战略对于企业来说是至关重要的。从本质上来说，它为企业的发展指明了前进的道路。

只有通过制定战略目标来谋划好企业发展的整体性问题，才能更好地把握企业的整体发展。

企业是一个由若干相互联系、相互作用的局部构成的整体。局部有局部性的问题，整体有整体性的问题，整体性问题不是局部性问题之和，与局部性问题有着本质的区别。企业发展面临着很多整体性问题，如对环境重大变化的反应问题，对资源的开发利用与整合问题，对生产要素和经营活动的平衡问题，对各种基本关系的理顺问题。而战略目标，正是对企业所面临的问题和资源的良好整合。

要树立“长寿企业”的意识，正确处理短期利益与长期利益的关系。为了使企业能够长期发展，企业不但要重视眼前的发展问题，也要有战略眼光，注重未来的发展问题。企业要从长远来看待企业，企业长期发展问题不是短期发展的简单相加，它与短期发展问题有着本质的区别。企业面临的长期性问题很多，如发展目标问题、发展步骤问题、人才开发问题、文化建设问题。任何希望长寿的企业都要关心企业的未来战略，对未来问题不但要提前想到，而且要提前动手解决，提前制定战略性决策，因为解决任何问题都需要一个过程。

一个企业不关心企业的战略目标，就是不关心企业未来的发展；只知道“急功近利顾眼前”，就等于拿企业的寿命开玩笑。而事实上，那些不关心长远发展和企业战略的企业，正是由于这个原因，少则几年、多则十几年就走到了“无可奈何花落去”的境地。

周密制定企业的发展计划

企业的长期发展计划是一种综合性的计划，企业根据它去实现企业的长期目标。企业长期计划所涉及的时间比较长，一般企业的长期计划在未来3～10年间，有些企业的长期计划甚至更长。企业的长期计划主要用来明确企业的发展方向，只有确立了企业未来的方向，才有可能在企业运营过程中具有全局意识，避免“短平快”式的经营方式。

那么企业为什么要制定长期计划，其必要性主要表现在哪些方面呢?

一是制定企业长期发展计划能够促使企业管理者密切关注外部环境变化，及时抓住企业发展良机，规避各种风险，主动迎接挑战。

二是制定企业长期发展计划有利于企业优化配置内部资源，从而避免出现资源分配与工作重点安排上的偏差。

三是制定企业长期发展计划对企业内部各部门、各环节的高效运行起导向作用，有利于发挥协同作用，从而使各部门协调一致，减少摩擦。

四是制定企业长期发展计划为企业未来发展规划了美好的远景，

这种远景将会对企业员工产生巨大的精神激励，让组织上下都愿意为企业目标奉献力量，并让这样的努力坚持不懈地保持下去，从而有利于形成积极向上的企业文化。

制定企业长期发展计划涉及的内容较多，但核心内容就是企业未来的经营发展目标。比如，企业在未来若干年要成为同行业的带头人，或产品市场占有率达到什么水平等等。围绕着企业未来经营发展目标，会产生一系列的长期计划，比如技术发展长期计划、产品更新长期计划、人力资源开发长期计划、财务管理长期计划等等，这些长期计划的实施有力地保证了企业未来经营目标的实现。

企业长期计划决定着企业未来发展的命运，所以重视它就是对企业的未来负责。一般而言，制定企业长期发展计划可以通过以下几个步骤来进行。

一是对企业任务进行明确。这是制定企业长期计划的第一步，也是制定企业长期计划的先决条件。明确企业任务实际上是要解决三个问题：第一个问题是企业参与哪个市场？第二个问题是要成为什么样的企业？第三个问题是企业为哪些顾客服务？企业任务体现了未来的发展方向，同时，它也限定了企业寻找可行性市场的范围。

二是对企业局势进行分析。根据现有的或者可能得到的各种资源来估计企业的经营能力，并对其进行内部分析，确定企业的竞争局势。企业竞争局势描述了可得到的人力、物力、财力的数量、质量等情况，并估计出企业管理和组织结构的优势和劣势，预见将来的企业形象。

三是对企业环境进行分析。企业外部环境可分为大环境与小环境。企业大环境是企业不能直接施加影响使其发生变化的环境，包括经济、政治、社会和技术方面的因素。企业小环境是企业自身的经营环境，企业小环境的变化经常取决于企业及其竞争对手、顾客、供应商、债权人及政府机构的状况。

四是对企业机会进行分析。对预期环境和企业形象的评估，有助于决定企业可能取得优势的市场机会范围，这些机会仅体现了企业的可能的发展方向。企业在决定企业机会的选择时，一定要谨慎，要严格审查，要从风险性、稳定性、效应转化率等多个角度仔细考虑。另外在选择企业发展的机会时，还应考虑到内部环境中的不稳定因素、现在的组织结构是否能配套等各种因素。

一个企业需要有长期的发展计划，一个缺乏长远发展计划的企业是不可能取得大成就的。

企业的发展要放眼长远

企业在发展过程中，不能目光短浅，不仅要顾及到眼前，更要着眼于长远。

一拾荒者在荒芜的田野里寻找食物，找了很久却一无所获。就在饥饿难忍之际他发现了一块宝玉，但他却扔掉了宝玉。他还振振有词地说：“我需要的是食物，而不是宝玉。”

许多企业也会犯这个错误。能不能做到放眼长远，对于一个想成功的企业来说，无疑是非常重要的。企业如果只顾眼前利益，而不从长远利益去谋划，那么，到头来不仅长远利益得不到，而且眼前利益也保不住。一个精明的经营者，不但要照顾到眼前利益，而且更要放眼长远利益，甚至在眼前失利、陷入忧困的情况下，也要去研究、规划企业的长远发展，把眼前利益放在长远规划之中。

在企业竞争中，只有以发展的眼光面向未来，才能抓住更好的发展机会，顺利铺就一条通向未来的道路。

第二次世界大战结束后，战胜国决定成立一个处理世界事务的组织——联合国。可是在什么地方建立这个庞大的机构，一时间颇费思量。

地点应当选在一座繁华城市，可是在任何一座繁华城市购买建立庞大楼宇的土地都需要很大一笔资金。而刚刚成立的联合国总部的每一分钱都来之不易。就在各国首脑们商量来商量去“举棋不定”的时候，洛克菲勒家族听说了这件事，他们立刻出资 870 万美元在纽约买下一块地皮，在人们的惊诧中无条件地捐赠给了联合国总部。

洛克菲勒家族在买下捐赠给联合国的那块地皮时，也买下了与这块地皮毗连的全部地皮。等到联合国大楼建起来之后，四周的地皮价格立即飙升起来。直到现在，没有人能够计算出洛克菲勒家族凭借毗连联合国总部的地皮获得了多少个 870 万美元。

当这步妙棋走出且有了结果后，人们已经不再对洛克菲勒家族的举动不可理解，而是对他们的举动拍手叫绝。显而易见，洛克菲勒家族收获了满园果实，走出了几步绝妙的好棋。他们的头一两步棋，不少人是猜不透其用意何在的——名誉！无形的名誉！

谁都知道，兴建联合国总部可不是件寻常事，凡是与联合国有关的事都是要大写特写的。洛克菲勒家族抓住了这一契机，无条件捐赠给联合国土地，这一举动谁都晓得其背后深远的含义。

有眼光的经营者将目光至少放在未来五年的发展上，并预先判断可能遇到的问题和可以利用的机会，他们早就思索过这些问题，在遇到问题时就不会感到意外；他们早就思考过这些机会，在机会来临时也不会错过。当然，更重要的是，他们不会为眼前利益所左右，在必要的时候，他们能够毫不犹豫舍弃眼前以求长远。

许多企业，没有明确的经营目标与长期的战略规划，经常是为了追求眼前的利润，只重视产品一时的畅销，不注重维护、创造企业的经营特色，在生产经营设施与技术开发上不愿进行大的投资，浮躁和急功近利的特征明显。

有些企业在进行营销活动时，为一时获利而哗众取宠有余，不是把主要精力放在商品质量和售后服务上，而是一味地希望通过一个点子和一次活动使产品一举成名，制造轰动效应，诸如“手机少女秀”等营销活动虽可造一时之势，但难保长久之势。

世界500强企业的共同特点是高度重视长期规划。不论是IBM，还是微软，他们都注重从长远的角度来制定企业的各种经营策略，特别舍得在研发与技术上投资，从而一步一步地稳扎稳打地把企业做大做强。

有些企业没有长远的规划，而是走一步看一步，走一步算一步，他们永远都做不强也做不大。面对日益激烈的市场竞争，只有那些站得高看得远，而且从长计议，确立明确的经营目标与经营计划的经销商，才能够做到乘风破浪，永立潮头，并且不断地发展壮大。

有些企业之所以寿命不长，一个最根本的原因就是企业的决策者心态浮躁、目光短视或经验不足，缺少对企业长远目标的战略构想和通盘设计。

围绕市场需求实现持续发展

从理论上说，企业都有一个从创业、发展、兴旺到衰亡的过程，但是，每个企业都有尽量延长自己寿命的愿望，这就是企业要实现可持续发展的问题。

在企业发展的不同阶段，其都有自己的主打产品，但任何一个产品都有生长周期，因此，企业的可持续发展不是指企业的某一产品和技术的长期生产使用，而是指企业在产品和技术方面的不断创新，不断地为适应市场需要而发展壮大。

企业的可持续发展意味着企业应不断地迅速地捕捉到新的商机，以新的产品代替原有的不适合市场需求的产品，以保证企业长期的持续发展，减少企业因淘汰旧产品而带来的损失。

任何产品都有一个生命的周期，那么，产品的生命周期分为几个阶段呢？

一是市场培养期。一般说来，产品在“市场培养期”投入比较大而收益比较小，这是普遍规律，因为新产品进入市场，人们对其有个认识过程。如果宣传力度大，措施较得力，市场培养期就能够有效缩短；反之，市场培养期则会延长。

另外，市场培养期的长短，一方面取决于产品销售市场的自然环境，诸如城市规模、交通条件、经济发达状况、自然地理状况、信息状况、宗教文化、消费习惯等，另一方面则取决于企业宣传力度的大小。

二是市场成长期。产品在“市场成长期”投入产出比会发生变化，即投入逐渐缩小而产出逐渐增多。如果这一时期的开发力度大，那么成长期也会缩短，从而尽快进入成熟期。

三是市场成熟期。产品在“市场成熟期”投入和产出比变化更大，即投入最小而产出最大。这正如农民种庄稼一样，播种期的投入量最大，几乎没有产出；管理期的投入量仍然较大，但已经有农作物副产品的产出；到了收获期已经不再需要什么投入了，而产出的比例却达到了顶点。当然，成熟期的操作如果科学的话，也会延长“收获时间”的。

四是市场衰落期。产品在“市场衰落期”一般投入就停止了。但由于多年来造就的品牌效应，产品仍然在市场中享受着过去的宣传资源和口碑资源，所以产出仍然存在，但开始呈现出由强到弱的递减趋势。

五是市场结束期。“市场结束期”是产品彻底退出市场的时期。

在这一时期，产品会因为过去的广告资源和已经形成的知名度、美誉度还在继续起作用，所以仍然可以在部分地区销售。但这一时期绝大多数的消费者的兴趣已经转移到新产品上了，加之广告宣传停止，资源影响减弱，所以销售会越来越差。智慧的商家常常是果断地撤出市场，而把少量的库存产品进行销毁，以免冲击同类新产品上市。

任何产品都有结束期，这是一条不可抗拒的客观规律。通过运筹操作使产品的市场成长期快速形成，加速进入成熟销售高峰期，并采取措施延长高峰期、延缓衰落期，力争实现产品的市场利润最大化。

一个企业在考虑主业持续发展的时候，为了企业的长远利益，为了企业可持续发展，一定要考虑上新的产品和技术项目。企业决策者要清楚任何产品的发展都有一个过程，再好的产品也不可能永远占领市场，因而，企业必须学会战略转换。

企业进行战略转换，要做到以下三点。

一是跟踪服务对象，调整战略定位。企业要想实现可持续发展，主要还在于随着社会经济形势的发展变化，及时调整战略定位。

二是以变应变，不断创新。在不断跟踪对象的基础上，研究新对象的需求，并进行产品的再创造。找到了服务对象及其实际需要，不断创新服务的组织方式，创新服务项目以满足客户的实际需要。所以，调整与创新应该是可持续发展企业的主要特征。

三是推陈出新，适应环境。适应环境的变化就是适应市场的变化。根据市场需求变化，要么对自己的产品进行重新定位，要么进行创新，创造新的产品满足市场需求。人们所说的企业发展的转型与升级，实质上就是调整对象与创造客户新需求。

如果一个企业不能长期保持本身所具有的生命活力，不能使自己的产品和技术处于不断创新更新之中，那么这个企业的衰亡过程就会变得很短。如果一个企业不能不断地淘汰旧产品与技术，创立新的产品与技术，企业的可持续发展是不可能持续发展的。

成本控制要从细节开始

许多人认为获取一定财富，然后努力消费才是生命的真正意义。那么，为什么世界上很多有钱人都表现出是一个抠门的人，他们往往一件西装穿好几年。他们的经验告诉我们，做人和办企业道理都一样，都要勤俭节约。许多企业的经营者认为，节省这一点儿不会改变什么。可是事实上，正是这一点点、一滴滴的积累才构成了企业降低成本的基础，才映衬出了企业管理者良好的人格风范。很多企业的经营者也想节约，但往往忽视细节，节约就没办法成功，所以节约要从最细微处开始。

请看日本松下公司是怎样从细节开始进行成本控制的。

一次，松下公司的管理者到丰田公司参观，服务人员恭敬地送上咖啡，礼貌之周无可挑剔，但是盛咖啡的器皿却令客人大吃一惊——公司使用的是普通的粗瓷碗来盛咖啡！

是的，丰田公司没有咖啡杯。无论是自己用，还是招待贵客，一律使用普通的瓷碗。

外界说丰田人吝啬，殊不知，“吝啬”正是丰田的经营战略“三河商法”之一。

日本战败后，丰田喜一郎面对战争“遗留”给丰田公司的一片废墟，斩钉截铁地说：“丰田要三年赶上美国！否则，日本的汽车工业就别想重建！”

在丰田喜一郎的鼓动下，丰田公司上上下下充满了干劲。光有干劲还不行，要“赶上美国”还需要有更多的东西。喜一郎为丰田公司制定的经营管理思想是：第一，批量生产；第二，“吝啬”精神；第三，无贷款经营。以上三个部分是一个整体，互为影响，大家习惯管它叫做“三河商法”。之所以叫“三河商法”，是因为丰田公司的大部分工厂都集中在日本爱知县的三河地区，公司高级经理和许多员工都是三河地方人，他们自称是“三河忠诚集团”，故而人们将其经营战略称为“三河商法”。

丰田喜一郎非常讨厌浪费。他跟员工讲：“我们搞企业必须有基础，那么以什么为基础呢？很简单，就是要以彻底杜绝浪费的思想为基础。我们现在要这样讲，哪一天家大了、业大了，也应该是这样。”后来，即使在日本经济进入飞速发展时期，在丰田公司的日子最好过的时候，丰田员工也从未忘记过节俭的传统。

丰田喜一郎创业之初就强调：“好钢要用在刀刃上，钱要花在有用处……要用一流的精神，一流的机器，生产一流的产品。要彻底杜绝各种浪费。”

“干毛巾也能拧出水”，这就是丰田的精神。在丰田公司，员工做完工作后随时可以回家，在他们看来，不必要的逗留就是浪费，与其下班后办公室依然灯火通明，员工无所事事，不如节省能源、时间、人力等让员工做其他的事情。

节省成本，要从细节开始。然而，也有一些企业在进行成本改进的时候，并不是依据成本的细节去执行，不是从小、从繁、从严制定成本管理细节运行计划，而是完全无视于细节，把降低成本仅仅停留在一些表面工作上，结果惨遭失败。

在这方面，沃尔玛百货有限公司的竞争对手凯玛特百货公司的破产遭遇，也许会让人有所领悟。凯玛特曾在美国零售商中排行老大，销售额是当时沃尔玛的 15 倍。到了 2002 年，凯玛特百货公司却申请破产保护。有专家分析，正是在每一个细节上凯玛特都略逊于沃尔玛，最终导致了凯玛特失败的结局。比如，在广告模特方面，沃尔玛的广告模特均是自家店员或员工的子女，而凯玛特却高薪请来名模，结果，凯玛特的广告费占总运营费的 10.6%，而沃尔玛的却只占 0.4%。

所以说，降低成本绝不应该忽视对细节的处理，只有细分每一个成本环节并关注每一个细节，降低成本才能产生实实在在的效果，给企业带来有效的竞争力。

正所谓“不择小流方以成大海，不拒杯土方以成高山”。由此可见，通过成本控制获得巨大成功的企业，无一不是得益于对于细节的关注和追求。把成本管理的每一个环节都进行细化处理，对于成功的企业是如此，对于发展中的企业来说更是如此。

大企业可能毁于小细节

有句话说得发人深省：如果企业的成功需要有 100 个成功因素的话，那么企业的失败却只要有 1 个失败的因素就够了。许多企业在经营的过程中，往往对一些细节不太重视、不太注意，甚至置若罔闻，结果这些细节却给企业带来了致命的打击。

一只苍蝇撞倒了一家闻名全国的酒厂，这不是天方夜谭，而是一个真实的新闻故事。

北方有一座始建于20世纪30年代的酒厂，它的山葡萄酒和野生五味子酒曾经享誉全国。改革开放后，这家酒厂的职工励精图治，决心将酒厂建成北方最大的酒类企业。于是，在不断强化原有产品品牌的基础上，又兴建了啤酒车间，推出了“XXX啤酒”。20世纪80年代末期，这种啤酒借着原有酒类品牌的魅力很快推向了全国大部分市场，企业从此进入从来没有过的繁荣昌盛时期。

然而，祸起萧墙，一位顾客在喝“XXX啤酒”前，发现未曾开封的啤酒瓶中有一只苍蝇。这只惹祸的“苍蝇”被央视媒体曝光后，立即引起了全国的销售大滑坡。消费者一提“XXX啤酒”就倒胃口、恶心。代理商纷纷给这家酒厂退货。毫无思想准备的企业立刻陷入恐慌之中。真是“好事不出门，坏事传千里”，各地的老客户纷纷退货，那些曾经一再央求经销“XXX啤酒”的新客户也悄然离去。从此，企业机器停转，生产停顿，职工放假。一个蒸蒸日上的企业，竟然禁不住“一只苍蝇的撞击”。

难道是这只死“苍蝇”有孙悟空的神通，能够自己钻进啤酒瓶子中，且能躲过层层质检的眼睛吗？难道是这只“苍蝇”的力气太大了，还是企业的管理机制漏洞太多了？总之，就是这只苍蝇，致使这个费了“九牛二虎之力”才发展起来的企业轰然倒塌了！

一句“违规”广告语毁掉了一家闻名遐迩的药业集团，这不是寓言故事，这是活生生的社会现实。

天三奇集团，曾经因为它的“健康救助”而闻名遐迩，可是，这艘曾经满载着总裁李盛学梦想的“航母”，却在一句违规广告词的撞击下，破裂了，搁浅了。

天三奇药业集团始创于20世纪末期。老总李盛学是个充满理想和斗志的庄稼汉子，凭着对命运的不服输和对市场经济的理解，从松花江畔的一个小山村奋斗成全县闻名的万元户、又奋斗成农民企业家，最终用著名医学家王厚德先生的半试管细菌创建了天三奇药业集团。自己也像蝴蝶一样破茧而出，由农民企业家变成了科技实业家。

“天三奇”的成长浸透了李盛学的热情和梦想，在不到三年的时间里，就由一个小作坊式的生产车间扩建成了具有现代化规模的生物医药企业，年最高销售额高达两亿元。

为了表达饮水思源、回报社会的情怀，李盛学自打医药保健品上市不久，就发起了以自己企业生产的医药保健品，救助因患风湿类、风湿和胃肠疾病而失学的贫困学生的“健康救助”活动。这一义举，在社会上引起了巨大的反响。几年时间，“天三奇”救助了全国几十个省市的数千名因病失学的学生，使他们摆脱了病魔的折磨，恢复了健康，重新回到了课堂。

“天三奇”的健康救助活动，不仅为企业扩大了知名度，为产品提高了美誉度，也培养了许多患者对它的忠诚度，从而推动了企业的市场销售。在两年的时间内，它的市场网络已经遍布全国20多个省、市、自治区的近百个大中城市和地区。它的“健康救助”形象工程像它的广告语“埃及金字塔，中国天三奇”一样在全国广为流传。李盛学多次被地方政府评为“优秀企业家”，被国家有关部门授予“慈善家”、“华夏赤子”等光荣称号。

然而，转折来得也很快。2001年9月12日，中央电视台播出了“天三奇”及其他几家企业“广告违规”的报道，此消息立刻在人心浮躁、对虚假广告越来越厌恶的消费者中间产生了极大的反响——他们误把“广告违规”当作了“产品质量不合格”。于是，市场退货，网络破裂，顾客流失。一个年销售过亿元的新兴生物医药企业很快就沉寂下来了。“埃及金字塔，中国天三奇”竟然成了历史的神话。

而那句导致天三奇药业集团由盛至衰的广告语就是：“天三奇胶囊一粒见效，三盒除根”！

在此之前，许多人曾经对李盛学提出过“要注意规范经营”的警告，但是，如同许多靠着幸运发展起来的企业家一样。李盛学仍然抱着侥幸心理面对越来越规范的市场规则，他认为一句广告词只是一个可以忽略不计的小细节。

我们不得不反思：一个拥有如此美好的“健康救助”形象工程和如此美好产品的企业，怎么就抗不住一句违规广告语的撞击呢?

在媒体高度发达的今天，企业一定不要忽视细节的毁灭力量。因为一个小小的失误，经过媒体无限的放大，瞬间产生的负面冲击波足以毁掉一个蒸蒸日上的企业。

加大管理制度的执行力度

企业有了完善的制度，还需要切实地执行。制度再好不严格执行也没有用，只有严格执行才能让企业上下保持有节奏的良好运行。

春秋时期，孙武到了吴国。吴王有一天问：“孙武，我看了你的兵书，写得不错，那你能不能把宫女训练成有素的军队?”孙武说：可以呀。于是吴王就把他的两个宠妃交给了孙武，让她们加入了军事训练的队伍。在训练之前，孙武宣布了纪律，讲明了违反者立斩，然后他就到队伍面前开始喊口令。队伍中两个妃子嘻嘻哈哈，孙武立即下令把两个妃子斩首，这样一来剩下的宫女都害怕了。军队中必须令行禁止，纪律严明的军队才能够打胜仗。

还有一个例子。吴王与秦国对阵，就等一声令下展开决战。这时有一个兵士在没有下令之前就忍不住跑到秦军队伍面前冲杀了一阵，提着两个人头回来了，但是吴王还是下令把这个兵士斩了。很多人不理解，为那个兵士请命，但他仍然被杀了。如果你不听命令就要斩首，这就叫令行禁止。

每个企业都有管理制度，但执行情况大不相同。许多企业也都在管理的执行力上狠下工夫，从而收到了良好的效果。

"蒙牛"老总牛根生早年在"伊利"做副总时，不仅是抓制度管理的高手，而且还是抓执行力的硬手。

他在场区的大道上画出车行道和人行道，无论是车辆占了人行道，还是行人占了车行道，都要接受处罚，毫不姑息。

他规定场区内不准吸烟，他自己的客人来到场区，不知道有这些规矩而抽了烟，结果牛根生自掏腰包代交罚款。

他规定绿地不得随意践踏。不仅员工必须遵守，而且员工的客人如果没有遵守，那么员工必须代交罚款。因为员工没有尽到宣传场区规则的责任。

几年之后，"伊利"人逐渐成为了遵守管理制度的模范。

总而言之，我们现在许多企业并不缺少管理制度，缺少的是管理执行力。如果管理者执行不认真、不细致，管理工作像蜻蜓点水一样，有章不循，违规不纠，那么无论你有多少好的制度，都无法取得理想的管理效果。

有的单位出台了《禁烟规定》，可就是制定政策的部门主管却在上班时间吞云吐雾；有的工厂要求职工上班统一着装，但某些主管反而成了另类，不知是为了用便装来彰显自己的地位，还是要显示自己的个性。一个企业，如果想让制度得到切实执行，那么主管必须率先垂范。

有这样一个故事。

1946年日本战败后，松下公司面临极大的困境。为了渡过难关，松下幸之助要求全体员工振作精神，不迟到，不请假，出满勤。

然而不久，松下本人却迟到了10分钟。松下迟到的原因是：本来他上班是由公司的汽车来接的。那天他早早起来等车，可是左等右等车总是不来。看看时间差不多了，他只好乘上电车；刚上电车见汽车来了，便又从电车上下来乘汽车。如此折腾，到公司一看表：迟到了10分钟！原来是司机班的主管督促不力，司机又睡过了头，晚接了松下10分钟。

按照规定，迟到要受批评、处罚的。松下认为必须严厉处理此事。

首先以不忠于职守的理由给司机以减薪的处分，其直接主管、间接主管也因监督不力受到处分，为此共处理了8个人。

松下认为对此事负最后责任的，还是作为最高领导的社长——他自己，于是对自己实行了最重的处罚，退还了全月的薪金。

仅仅迟到10分钟，就处理了这么多人，连自己也不饶过，此事深刻地教育了松下公司的员工，在日本企业界也引起了很大震动。

在规章制度面前人人平等，即使是董事长也要严格遵守，只有这样，员工才会严格遵守。作为企业管理者，不要以为制度是给员工定的，恰好相反，任何制度的有效执行都离不开企业管理者的身体力行，以身作则。

松下幸之助说：管理现代企业，同治军一样，要有严明的纪律和令行禁止的作风。若不严明纪律，人心就会涣散，组织就不能发生效用。在执行纪律中，管理者要严肃公正，不能受个人因素的影响，不可感情用事。

很多企业在制定制度时面面俱到，大事小事无遗漏，但在执行的时候失于严格，什么都可以打折扣。

执行力是企业发展的根本保证

美国ABB公司董事长巴尼维克曾说："一位经理人的成功，5%在战略，95%在执行。"

思科系统公司（Cisco）是全世界做网络设备最大的公司，Cisco全球副总裁林正刚说："Cisco的成功不在于技术，而在于执行力。"其实，企业间的差距就在于执行力的高低。我们看到，在通用电气、IBM公司成功的背后，是富于执行力特征的企业文化，而另一些公司之所以失败，根源则是企业文化中执行力特征的缺失。

对一个企业来说，寻觅到了好的实施方案只是刚刚开了一个头，因为任何一个方案的制定，只是企业管理流程中的一个环节，它虽然具有产生创意、设计行动方案以供决策的功能，但方案本身是死的，不能自动自发地去执行。如果没有与企划水准相当的操作实力，也就是执行力，那么再好的方案也会失去价值，只能是一堆废纸。"不怕做不到，只怕想不到"的说法到现在为止，从执行的角度来讲，已经不再为人所称道了。

执行力是企业发展的根本保证，企业中的经营决策会因其执行力强而得到彻底的贯彻实施，直接作用于终端市场，发挥其应有的作用，最终提升企业的市场竞争力。相反，如果在一个执行力很差或没有执行力的企业，再好的决策都会在实施的过程中逐层削弱，最终作用于市场时已失去效力，不能起到提升市场竞争力的作用，甚至会造成负面影响，所以，执行力是事业成功、企业发展的根本保证！

每一个企业的管理者都可以说是战略家，都有很好的想法，但在战略实施的时候，却能分出高低。世界优秀企业并不一定在战略规划上花费更多的时间和努力，但他们却表现出卓越的执行力。在企业的经营与管理中，建立企业的愿景、战略与计划以及强调对人力资源、财务资源和实物资源的管理固然重要，但如何将这些管理的重要方面有效地联结和整合起来，才是企业真正在竞争中取胜的根本保证。有人说过，如果不能执行的话，管理者的所有其他工作就都会变成一纸空文或一场空谈。也有人断言，企业间比高低，比的就是执行力，而有些企业缺的恰恰就是执行力。缺乏执行力，再好的战略也是空谈。

与战略相比，策略是战略的细化和具体措施，它解决的是战术问题，策略的制定和执行，二者是不可分的。

有一个策略变味的例子。某饮料制造企业为了应对饮料市场的激烈竞争做了一个促销方案，他们分别在每一瓶饮料包装里放了一些数目不等的现金，想在消费者喝饮料时给他们一个惊喜，一时间销量大增。但是过了一段时间，他们接到消费者的投诉电话，说他们有欺诈行为，原因是消费者在饮料包装里根本没有见到现金。饮料厂于是就下去调查，到了包装工序部门，结果是每一瓶饮料都装进了现金。最后他们发现，原来钱都跑到经销商的口袋里去了。这就使企业的策略在执行的过程中变味了。

企业要做好执行工作，以下几个方面一定要落实到位。

一是执行要有制度保障。要使执行力有可靠的保障，关键是要建立一整套管理机制。员工需要一个科学规范的、能及时得到修正并确保得到贯彻落实的管理制度。企业只有通过严格的制度管理，明确的职责分工，才能提高管理效率并更好地提升企业各部门的执行力。

二是员工的言行与企业的目标相一致。作为企业员工，每个人的工作职责与工作标准的达成，都会对企业的总体目标做出贡献。人是有思想的，而思想认识则是行动的先导。如果一个员工不能正确地理解公司的价值观，他就不能很好地遵循企业的管理制度，也无法完成公司交给的工作任务。因此，作为企业管理者，应该设法去引导员工，使之言行与公司目标相一致；应该清楚地告诉员工公司的目标是什么，如何才能实现这个目标。同时，管理者要对布置的工作进度实施跟踪，奖励那些成绩突出的人，指导帮助那些没有实现目标的人。这样，通过规范员工的言行，来达到与企业目标相一致。

三是完善用人机制，选拔执行力强的人。人是企业发展的根本，人才是企业最重要的资源，在社会变化越来越快、不确定因素越来越多的今天更是如此。企业之间的竞争，最根本的是人才的竞争。在人、才、物、时间、空间诸多因素中，人才是企业发展的关键因素。人是企业的主体，是企业的活力之源。因此，建立完备的用人机制，选拔执行力强的人，也是建立企业文化的一个很重要的保障。

四是有效沟通。企业执行力保障机制的建立，需要各级管理人员的共同参与。一个企业是由不同的部门和员工构成的，不同的个体在思考、行动时难免会产生差异，各级管理人员必须对企业及员工有全面的了解，对所有的人都坦诚相待。要建立上下之间沟通的平台，真正体现“以人为本”的管理思想，关心人、理解人、培养人，帮助员工进行职业生涯设计，促进员工成长，在企业内形成一种良好的氛围。

五是赏罚分明。现代企业的薪酬设计越来越多地与业绩联系起来，并且对业绩的衡量不仅仅是以单纯的数字为标准，而是更注重全面评价一个人所创造的价值和本人的潜力以及为公司所做的贡献。换句话说，现代企业对那些具有执行力的人会给予更多的精神及物质上的回报，以此促进执行力保障机制的建立。

企业的薪酬制度改革，强调拉开档次，收入分配朝技术含量高、业绩优良的岗位倾斜，使优秀人才有成就感、归属感，实现员工价值最大化，等等。如果这些举措都能够得以实现，企业的执行力就能够跃上一个新的台阶。

在现代商品经济社会中，有不少企业是因为其内部执行力不强，或出现零执行力，或出现负执行力而垮掉的。没有执行力，再宏伟的战略、再巧妙的策略、再严格的制度、再优秀的文化都是海市蜃楼、昙花一现。